AGRICULTURA DE JARDINES

POR

GREGORIO DE LOS RIOS

AGRICULTURA
DE JARDINES

POR

GREGORIO DE LOS RIOS
(1592)

LA PUBLICA

LA SOCIEDAD DE BIBLIÓFILOS ESPAÑOLES

MADRID
1951

© de la presente edición
   del 2024:

Editorial MAXTOR
   Fray Luis de León, 20
   47002 Valladolid (España)
   +34 983 090 110
   pedidos@maxtor.es
   www.maxtor.es

I.S.B.N. 978-84-1171-031-2
depósito legal: DL VA 91-2024

PROLOGO *

I

Cuando recogí la honrosa invitación de la Junta Directiva del Ateneo para participar en el ciclo de Conferencias, tan acertadamente organizado por ella, y apunté el título de la mía: *La sensibilidad humana de Felipe II,* me asaltó el temor de que no faltaría quien al leerlo se preguntase con aire entre escéptico y burlón: «¿Pero es que Felipe II

---

* A fines del pasado año de 1950, cuando andaba preparando el *Prólogo* que había de servir de Introducción a esta reimpresión de la *Agricultura de jardines,* me invitó el Ateneo de Madrid para que participase en el ciclo de conferencias que tenía organizado sobre el *Balance de la cultura moderna y actualización de la tradición española.* Para desarrollar la mía, nada mejor me pareció entonces que utilizar algunos de los materiales inéditos ya acopiados por mí en ilustración de la obra de Gregorio de los Ríos, y de los cuales resaltaba un aspecto nuevo e interesantísimo para la psicología de Felipe II, como, en efecto, lo hice en mi conferencia dada en aquel Centro, el día 18 de diciembre del pasado año, con el título de *La sensibilidad humana de Felipe II. Un Rey amante de las flores.* Por tanto, he creído que no cabía por mi parte poner prólogo mejor al librillo de Gregorio de los Ríos ni que más pudiera servir de antecedente e ilustración suyo que esta conferencia, que sale ahora a luz con notables aumentos históricos y otras apreciaciones que no entraron en ella.

tenía sensibilidad?». La cosa no era para menos, pues si la sensibilidad es la facultad del alma que, aguzando nuestros sentidos, los hace más aptos y capaces para percibir primero y gustar después de la belleza escondida de las cosas, y de lo delicado, tierno y sutil de las personas, aquella misma que nos proporcionará después sensaciones exquisitas y emociones nuevas, y que no anida sino en espíritus selectos y refinados, mal parecía encajar, en verdad, esta palabra en el monarca que durante tres siglos ha venido siendo, para el común de los historiadores, el prototipo de la impasibilidad y la dureza, alma cerrada y hostil a toda efusión humana y generosa. No estaba, pues, semejante hipótesis fuera de lugar. Más aún: la sensibilidad, tal como hoy la entendemos, parece conquista y patrimonio de los tiempos modernos, en que la educación y la cultura han abierto como unos anchos ventanales al espíritu para que pueda asomarse y se deleite en paisajes y matices que no conocieron nuestros mayores. Todo, por tanto, parecía conspirar contra mi propósito, y así hube de temer que ante alguno de vosotros desfilase mentalmente otra vez la tétrica comitiva que compuso la leyenda negra: los celos envidiosos de Don Felipe para con su hermano Don Juan de Austria; su severidad inexorable con los señores flamencos; la prisión y muerte de su hijo, el desdichado príncipe Don Carlos; en suma, todo ese conjunto de falsedades históricas y mentirosas inepcias, que traen al recuerdo aquella certera sentencia de Lamartine, cuando decía que muchos convierten a la Historia en *la calumnia de los muertos.*

Dejemos a sus modernos biógrafos, extranjeros beneméritos no pocos de ellos, que aventando estas sombras espesas, hagan que brille de nuevo la luz resplandeciente y reivindicadora de su memoria, ya que a nosotros nos espera esta tarde otra tarea no menos grata: la de descubrir cierta faceta de su sensibilidad, de la que nadie había hablado hasta hoy, porque estaba como oculta y soterrada bajo los amarillentos legajos de un Archivo, el Archivo de Palacio, gracias a cuyo concurso, y al de unos libros viejos, podremos emprender ahora este nuevo *Viaje sentimental,* en busca de esa cosa extraña y misteriosa que se encierra en el rótulo de esta Conferencia: *La sensibilidad humana de Felipe II. Un rey amante de las flores.* Acompañadme también vosotros en él, que espero que no os defraudaré.

La sensibilidad ofrece diversas formas o facetas; hay sensibilidad afectiva, la que engendra la amistad y el amor; es la más común y frecuente, como lo son también estos sentimientos; hay sensibilidad artística, que es la aptitud de nuestro espíritu para recrearse en las cosas bellas: una puesta de sol, el espectáculo del mar, un hermoso cuadro, una música inspirada; y, por último, existe un tercer género de sensibilidad, más privilegiado y excepcional, cual es la visión del color y el sentido del perfume.

De la sensibilidad afectiva de Felipe II, manifestada en el amor y en la amistad, sabemos realmente poco, porque el gran respeto que infundía la majestad soberana de aquellos siglos, hacía que todos, súbditos y cronistas, se detuvieran reveren-tes ante las puertas que conducían a la intimidad regia, sin osar trasponerlas; los Reyes no podían tener amigos, porque su condición, superior a to-dos, no lo permitía; y en cuanto al amor que pro-fesó Don Felipe a sus esposas, tampoco son muchas las noticias auténticas que sus contemporáneos nos dejaron. Con todo eso, cabe asegurar que su sensibi-lidad afectiva no brilló ciertamente mucho con sus dos primeras cónyuges: María de Portugal y María Tudor; la primera, por demasiado niña, acaso por aquello que, con cruda y graciosa frase, decía Lope de Vega, tan experto catador de bellezas femeninas, de las mujeres muy jóvenes: «que huelen al nido»; y en cuanto a la Reina inglesa, porque basta que os acerquéis a nuestro Museo del Prado, para que el retrato implacable que Antonio Moro pintó de ella os dé la explicación cumplida del desamor de su marido. Creo, en cambio, que el corazón de Don Felipe latió más al unísono con los de sus dos últimas esposas: Isabel de Valois y Doña Ana de Austria; especialmente con la primera, ráfaga pasional suya, que la Muerte, impíamente, cortó. Por todo ello, esta primera faceta de la sensibilidad afectiva de Felipe II es todavía para nosotros un tanto oscura e imprecisa, y el desarrollarla ahora me llevaría muy lejos de mi intento.

En cambio, la segunda, la que podríamos lla-mar artística, se nos presenta más clara, documentada y categórica. Todos lo sabéis ya, y nada puedo descubriros en este contorno suyo: Felipe II fué uno de los monarcas más amantes de las bellas artes que nunca hayan existido. Coleccionista apasionado de cuadros, estatuas, miniaturas, vidrios y todo linaje de preciosidades artísticas, que convertían al Alcázar madrileño en un verdadero museo; enamorábale singularmente la pintura, y para colmar sus gustos, llamaba a los mejores pintores de su tiempo, y si la edad provecta del Tiziano no le hubiera impedido venir a España, hoy tendríamos decoradas las estancias de El Escorial por los pinceles del prodigioso artista [1].

Verdad es que su sensibilidad pictórica no llegaba hasta comprender al Greco, ya que, según refiere el Padre Sigüenza, cuando le presentaron el estupendo cuadro del martirio de San Mauricio, pintado para El Escorial, «no le contentó» [2]; mas, ¿cuántos siglos no han sido menester para que críticos y profanos adivinaran el genio del famoso Domenico? ¿Por qué hemos de censurar esta incomprensión de su mérito por Felipe II, cuando bastantes de nosotros hemos conocido tiempos, no muy distantes, en que sus cuadros se vendían por cantidades que hoy juzgaríamos despreciables, pero demostrativas de su entonces escasa estimación?

---

[1] Para este punto véanse las historias del Arte español, y más especialmente la obra del Padre J. Fernández Montaña: *Felipe II el Prudente, Rey de España, en relación con artes y artistas, con ciencias y sabios.* Madrid, 1912.

[2] Fr. José de Sigüenza: *Tercera parte de la Historia de la Orden de San Jerónimo.* Madrid, en la Imprenta Real, 1605, página 835.

Sobre estas dos formas de sensibilidad, que en acatamiento al título de esta conferencia no podía por menos de tocar, aunque fuese someramente y de paso, hay una tercera, curiosa por extremo, que no se ha mencionado nunca por ninguno de sus biógrafos, de una patente modernidad, y de la que voy a ocuparme esta tarde, a saber: el amor grande, intenso y apasionado que Felipe II sintió por la Naturaleza y por las flores. Todo cuanto ahora os diga es rigurosamente histórico, y al par de cada dato o afirmación mía podría esgrimiros el documento inédito que lo prueba.

Pero basta ya de preámbulos, y entremos de lleno y confiados en nuestro tema, que sabroso y enigmático nos ayudará.

Cuando a 23 de agosto de 1559 embarcaba Felipe II en el puerto de Flesinga para volver a España, con los cuadros, esculturas, tapices, muebles y otras maravillas artísticas, coleccionadas por su padre el Emperador y por él mismo durante sus estancias en tierras flamencas y alemanas, gran parte de las cuales devoraría el mar, míseramente, quince días después, en la terrible tormenta que se desencadenó a su arribo a Laredo, traía además consigo una afición poco frecuente, pero muy noble y simpática, por los árboles, flores y jardines.

No es tal afición propia y adecuada a la juventud, ni tampoco hasta entonces había dado muestras de ella el joven Príncipe; sus biógrafos nos hablan, en cambio, de su pasión por la caza, la cual, contados apenas trece años de edad, le hacía perseguir encarnizadamente los venados y jabalíes en los montes de El Pardo y bosques de Aranjuez, pasión tan viva en él, que el mismo Emperador—celoso, por su parte, de la conservación y aumento de la caza en sus sitios reales—había tenido que ponerle coto y medida en sus proezas cinegéticas, tasándole, por ejemplo, la temporada venatoria de 1541 en seis piezas mayores, únicas que le permitieron matar, y restricción de la que el regio mancebo se compensaba con la caza, a su talante, de innúmeros conejos [3].

Pero, dentro de esta pasión venatoria de Don Felipe, apuntaba, escondida y pujante ya, otra tendencia o inclinación muy viva y congénita en él, que con los años se convertiría en modalidad típica de su carácter: su amor al campo. Cumplidos apenas los catorce años, en una de las cartas en que su ayo, don Juan de Zúñiga, daba cuenta a Carlos V de la vida y educación de su hijo, al referirle que cuando, en cumplimiento de las órdenes recibidas ya dichas, no podía usar de la ballesta, en la que se había hecho muy diestro y hábil, holgábase, en cambio, con la caza de halcones y otras aves de altanería, añadiendo este inciso, revelador ya de la que llegaría a ser con los años una pasión irreprimible: «Y de cualquier manera que sea (huélgase)

---

[3] Vid. MARCH: *Niñez y juventud de Felipe II.* Madrid, 1941-42, I, páginas 73, 95, 97, 99, 100, 104, 107, 123, 235, 239, 240 a 247, 250, 253, 295, donde se hallarán muchas noticias sobre esta pasión venatoria del joven príncipe, y de su afición a los halcones, que, asimismo, era muy grande. *(Ibidem.)*

en el campo» [4], frase significativa por demás, que confirma la profunda verdad del vulgar refrán castellano: «Genio y figura, hasta la sepultura».

El campo atrae y fascina a la juventud con los deportes violentos, la caza, la equitación, la marcha, y de todos ellos dió Don Felipe durante la suya pruebas cumplidas, como el mismo don Juan de Zúñiga y otros historiadores suyos atestiguan: incansable montero, buen jinete, excelente justador y andarín vigoroso, queda aún por trazar el capítulo historial de estas formas deportivas suyas, con los datos inéditos o poco citados, que no escasean [5]; mas cuando pasan los años, y éstos templan y moderan los bríos físicos juveniles, seguirá empero atrayéndole el campo, con otros matices nuevos: la soledad, el silencio, la contemplación y recreo en sus bellezas naturales, y el deseo de acrecentarlas con nuevos bosques, florestas y jardines. Todos estos gustos, tan hermanados entre sí unos con otros, tenían que darse lógicamente también en un carácter por extremo metódico y pacífico como era el de Don Felipe. El amor a la soledad y a la quietud, el aborrecimiento de

---

[4] El texto completo de este párrafo, muy interesante, dice así: «Va un día a la semana a caça con los halcones, y a auido días de buenos buelos; y aunque huelga mucho en lo de la ballesta, cuando no puede gozar de aquello, huelga con los halcones y de *qualquier manera que sea en el campo*; y si algun día passa los puertos, no se le olvida yr al Bosque [de Segovia] y matar si pudiera mas de los tres venados, como V. M. lo manda». MARCH: *Niñez y juventud de Felipe II...* I, 247. Tiene esta carta fecha de 24 de marzo de 1541. No había cumplido aún el Príncipe los catorce años.

[5] En mi biografía de *Isabel de Valois, Reina de España,* Madrid, 1949, tomo I, págs. 139-141, me ocupé ya de estos aspectos deportivos de Felipe II.

las ciudades y su tráfago, sus continuas escapadas a los sitios reales próximos a la Corte, serán ya, en lo sucesivo, como afloramientos de su espíritu, notas genuinas y distintivas de su sensibilidad, que los Embajadores venecianos, vigilantes y puntuales observadores de su vida y costumbres, y con ellos los demás extranjeros acreditados en su Corte, registrarán unánimes en sus famosas *Relaciones* y despachos[6]. Don Felipe multiplica los lugares a donde pueda refugiarse, siempre que se lo consienten sus deberes de gobernante, o para seguir trabajando en ellos con más libertad y reposo. No es uno solo, en efecto, sino varios y concomitantes los que él amorosamente habilita y hermosea, en satisfacción de estos anhelos. La Casa del Campo y el Palacio de El Pardo, para los meses del invierno; Aranjuez y Aseca, en los primaverales, y el Bosque de Segovia o Valsaín, como resguardo de los calores del estío. Y cuando levante la mole ciclópea de El Escorial, en una dehesa cercana, La Fresneda, construirá también una casa o palacete a donde va con frecuencia para solazarse y aislarse todavía más.

Tales aficiones campestres de Don Felipe, formas muy representativas de su sensibilidad, hallarían campo vasto donde explayarse durante su lar-

---

[6] También traté de este rasgo distintivo del carácter de Don Felipe en mi citado libro. Los testimonios de los Embajadores venecianos pueden verse en ALBERI: *Relazioni degli ambasciatori veneti...* Firenzi, 1839-1859, serie I, vol. V, páginas 63, 114, 257, 275, 360, 361, 422, 446, 447.

Asimismo el Embajador francés FOURQUEVAUX, en sus *Dépeches...*, publicados por Mr. Douais, París, 1896-1904, confirma este amor de Felipe II a la soledad.

ga estancia en tierras de Flandes, a la sombra de los soberbios bosques que los pueblan con centenarios y gigantescos árboles, y en contemplación diaria y amorosa de sus parques y jardines. La pasión de los flamencos por unos y otras fué siempre muy grande, y el culto a las flores, en especial de los famosos tulipanes, sobradamente conocido. De él se hará lenguas Lope de Vega en su donosa carta a su dilecto amigo, el flamenco Emmanuel Sueyro, al agradecerle el envío de unos tulipanes, que florecerían también en el amado huerto del poeta, con «varios colores, hermosa y peregrina vista» [7]. Cuando Isabel Clara Eugenia hace su viaje, en el otoño de 1599, con su primo y esposo ya, el Archiduque Alberto, desde la ciudad de Milán hasta Bruselas, al entrar en la raya de sus flamantes Estados, entre aclamaciones y vítores de sus nuevos súbditos, además de las flores con que al pasar por los pueblos llenan su carroza, en uno de los lugares que atraviesa se llegará hasta ella una vieja, y ofreciéndole un ramillete de rosas la dirá: «Señora Duquesa, tomad de las flores que producen vuestros Payses-Bajos» [8]. Si no estas flores, por brotar aún, otras parecidas y amorosamente cultivadas en aquellos países había visto, medio siglo antes, su padre Don Felipe, engendrando en él una viva pasión por ellas.

Pero antes de que las flores, vistosas y cándidas,

[7] Carta dedicatoria de su comedia *Lucinda perseguida,* en «*Obras...* Acad. Nuev.»*,* VII-324.

[8] *Correspondencia de la Infanta Archiduquesa Doña Isabel Clara Eugenia de Austria con el Duque de Lerma, publicada por Antonio Rodríguez Villa. Madrid, 1906,* pág. 331.

aparezcan en su vida y en los gustos del joven Príncipe, hay que poblar Aranjuez, el sitio real más antiguo, al que también su padre, el Emperador, solía acudir de tiempo en tiempo [9], con toda suerte de árboles que se hagan copados y hermosos, y permitan estancias gratas y largos paseos; y así, ausente Carlos V de España, y en ella Don Felipe, como Regente del Reino, desde Aranda de Duero, a 13 de mayo de 1550, dicta las primeras minuciosas Instrucciones para los plantíos de árboles que habían de hacerse, en gran escala, en aquel sitio regio. Son, en efecto, las primeras suyas que conozco, seguidas dos años después por las de Madrid, a 17 de mayo de 1552, no menos interesantes y detalladas [10].

_____

[9] Para las excursiones y estancias de Carlos V en Aranjuez, vid. M. DE FORONDA: *Estancias y viajes de Carlos V*, Madrid, 1914. Consta por ellas que el Emperador estuvo en Aranjuez en agosto de 1525 (*Op. cit.*, págs. 258-259), en diciembre de 1526 (pág. 282), en octubre de 1528 (pág. 316), en marzo de 1529 (pág. 321) y en febrero de 1534 (pág. 384). No constan más visitas suyas a este sitio real, al que solía ir directamente desde Toledo. ¿Cuándo saldrá un filipista que se anime a darnos las *Estancias* de Felipe II durante su vida? Obra mucho más fácil que la monumental hecha por Foronda con el Emperador.

[10] ARCHIVO DE PALACIO: *Cédulas Reales*, tomo I, páginas 61 a 64. Firma en ellas «El Príncipe». Repitiéronse estas Instrucciones desde Madrid a 17 de mayo de 1552 (*Ibidem*, I, 166, 167), las más importantes de todas, pues revelan ya la adopción de un plan metódico para la conversión de una dehesa en un sitio real. Para ello se mandan arrancar las viñas, olivos y moreras, tirar tapias y hacer una laguna o estanque en el arroyo de Hortigosa y las dos calles grandes de árboles. Continuáronse dictando Instrucciones sobre Aranjuez desde Bruselas en 1556 (*Ibidem*, I, 12, 21, 24, 62), y desde Londres en 1557 (*Ibidem*, II, 33 v., 35 v., 40 v.) y en 1558 (*Ibidem*, II, 48, 62, 128 y 129). Para las plantaciones de chopos en la calle grande de Aranjuez se dictan también órdenes

Las mismas disposiciones forestales se tomarán también desde Flandes para el monte de El Pardo y el Bosque de Segovia [11].

La preocupación que podríamos llamar *nemorosa* de Don Felipe, es tan viva como constante y tenaz, y el amor al árbol una muestra clara y elocuente de la sensibilidad de su espíritu. Si su padre el Emperador, por su ajetreada vida, no pudo ocuparse apenas de bosques y jardines, allí está en cambio, su hijo, poco o nada dado a viajar, que llenará esta laguna y preparará con amorosa previsión los lugares de sus futuras estancias, con todos los adornos y bellezas arbóreas que piden sus gustos.

Al llegar a España, hubo de percatarse, a la cuenta, de la falta o escasez de buenos jardineros. La seca y árida Castilla da guerreros y místicos, pero conoce muy poco de los placeres bucólicos. Las flores parece que están todavía recluídas tímidamente en los dominios del arte. Los libros de caballerías sacan de vez en cuando a sus heroínas y amadores, recuestándose en imaginarias florestas, más retóricas que reales. El mismo Calixto no ofrecerá a Melibea en *La Celestina,* para lograr su conquista, una sola flor; las que se citan de pasada en su inmortal relato serán las que con hierbas, raíces y ra-

en 1557 (*Ibidem*, II, 35 v. y 40 v.). En todas ellas trátase solamente de árboles y sus plantíos. Los jardines no aparecen aún. Ya vuelto a España Don Felipe, estando en Toledo, y con fecha 1.º de febrero de 1561, envía nuevas Instrucciones a Aranjuez, muy detalladas e importantes, para plantíos de árboles (*Ibidem*, II, 89 v. a 90 v.).

[11] Vid. mi biografía de *Isabel de Valois...*, op. cit., II, 364, 365, 441.

mas sirvan para hacer lejías y unturas con que hermosear los femeninos rostros [12]. Y si las novelas pastoriles tienen por escenario al campo, esmaltado por florecillas naturales y humildes, es más bien un recurso de composición escénica y poética que una realidad. La flor no aparece, y si lo hace es rarísimamente, en la pintura española del siglo XVI; todavía nuestros artistas no cortan las flores de los jardines para adornar sus lienzos, y con excepción del Greco, que llevó las azucenas a alguno de sus cuadros, como el admirable de la «Asunción de la Virgen», que se guarda en San Vicente de Toledo, los nombres de Alonso Vázquez y Antonio Mohedano serán asimismo una excepción en nuestra historia pictórica [13]. Aquella tradición floreal, que en los siglos XIV y XV había llenado las márgenes miniadas de los Libros de Horas con profusión de margaritas, rosas, tréboles y amapolas, parece cortarse bruscamente durante el XVI, al menos en España. Son tiempos de guerra, en que reyes y nobles gastan sus aceros en empresas más viriles y recias que componer jardines y cultivar flores; cuando venga la paz, y con ella la influencia de la escuela flamenca, muy a comienzos del siguiente siglo XVII, veremos asomar los bodegones y floreros, que tanto y tan brillantemente habían de prodigarse en él.

---

[12] *La Celestina*, acto VI.

[13] Véase el muy erudito e interesante prólogo puesto por D. JULIO CAVESTANY al hermoso catálogo ilustrado de *Floreros y bodegones en la pintura española* (Madrid, 1936-1940), publicado por la benemérita SOCIEDAD ESPAÑOLA DE AMIGOS DEL ARTE, donde se estudia la evolución de la flor en la pintura española, y especialmente las páginas 21-28.

En el entretanto, y adelantándose a su síglo, Felipe II será como el símbolo y paradigma de este amor a las flores, que tiene en él tres fases o períodos: primeramente, su pasión nemorosa, su cariño al árbol, que se manifiesta en las numerosísimas Cédulas reales, dondè dispone, con su meticulosidad acostumbrada, los plantíos que de ellos han de hacerse en los sitios reales, como hemos visto, labor perseverante, hija de su entusiasmo por el árbol, tan vivo y tesonero como no habrá de sentirlo después ningún otro de los monarcas españoles, sucesores suyos [14]. Conjuntamente con esta pasión, y como segunda fase suya, alienta en él la de los árboles frutales, que asimismo hace traer de Flandes y Valencia, año tras año, sin desmayar en ello [15]. De estas dos fases se pasa lógicamente, en buen orden botánico, a la tercera, la de los jardines, cuando, vuelto a España, su asistencia y estada en sus casas de campo hácese larga y frecuente. En ellas surge el rey *antófilo*, por no decir el rey antomaníaco, el amante de las flores, el que halla singular deleite en percibir su colorido y aspirar su fragancia.

Mas, para que luzcan las flores, hay que contar con hombres prácticos y avezados que las conozcan,

---

[14] Haría interminables estas notas si trajera a ellas las numerosísimas Cédulas dictadas de su mano y durante su reinado para la repoblación forestal de los sitios reales. Pueden consultarse fácilmente en los índices de las mismas del Archivo de Palacio.

[15] ARCHIVO DE PALACIO: *Cédulas Reales*, II, 102 v., 121, 128, 254, 418 v., 419 v., 466 v. Para los naranjos enanos de Málaga, traídos en 1569 y 1570, *Ibidem*, III, 110 v., 111 y 215.

que las siembren y cuiden con el especial cultivo
que cada especie pide, y entonces es cuando aparece en la documentación administrativa regia, como
reflejo de esta realidad, lo que podríamos llamar la
dinastía de los jardineros flamencos y franceses, que
durante todo su reinado, y hasta su muerte, se darán la mano unos con otros, sin interrumpir esta
florida cadena en servicio suyo. Don Felipe regresa
a España a primeros de septiembre de 1559. Son
muchos, a no dudarlo, los asuntos y negocios pú-
blicos que en el resto de este año y en el siguiente
absorben su atención. Pero ya a mediados o fines
de 1560 hubo sin duda de ponerla también en cosas
de menos monta, pero muy gratas para él, como
era la ordenación de sus jardines. Para ello, daría
sus encargos y comisiones, bien a su hermana Mar-
garita, Gobernadora de Flandes, bien a Mr. de Chan-
tonnay, su Embajador en Francia, bien a su misma
suegra, Catalina de Médicis, para que le busquen y
envíen jardineros prácticos y primos en su oficio [16].
Y, con efecto, a mediados de 1561 comienzan a llegar

---

[16] En el Diario privado de Isabel de Valois, redactado por
Madame de Clermont, relatando esta dama a Catalina de Médicis la estancia de su hija en Aranjuez en los meses de abril
a junio de 1561, léanse estas interesantes noticias: «Il y a
au bout de la dicte terrase ung pont pour entrer dans une
ysle, où il y a une grande allée fort couverte, que meyne en
ung fort grand jardin, qui n'est poinct encores en estat. at-
tendant vostre jardinier. Auprès du dict jardin le Roy faict
faire une fort belle orangerie». (AMEZÚA: *Isabel de Valois*....
op. cit., III, 112.) *Orangerie* está dicho aquí, naturalmente, por
invernadero. En el mismo Diario se cuenta la afición de Felipe II a cenar con Doña Isabel en el jardín de Aranjuez *(Ibidem*, III, 116).

a España en número copioso, flamencos en su mayoría: Juan Holbecq, natural de Tournay, a quien se le señalan 260 florines de salario anual [17]; con él vienen asimismo Héctor Henneton [18], Juan Bordiau [19], Daniel Van Honele y su hermano Joos, ambos de Bruselas, con remuneraciones parecidas [20]; Guillermo Coluens, que cobrará 240 florines [21]; salario que sube a 260 en otro jardinero flamenco, Guillaume de Voos, natural de Malinas, y, a la cuenta, el más experto de todos [22]. Con ellos llegan también otros jardineros, éstos ya del reino de Francia, como Estienne y Mathurin Rouet [23], Juan Lengle [24], Juan Rebondí y su hermano Andrés, a título de ayudante suyo, cuyos salarios montan de 240 a 260 florines anuales [25], salvo Juan Rebondí, que cobrará «a razón de dos reales diarios, assi fiestas como días de labor» [26]. Todos estos vergeleros destínanse a Aranjuez, donde trabajan a las órdenes de su Alcayde o Guarda mayor, Rugel Patien, a la cuenta francés o flamenco [27], y bajo la supervisión y vigilan-

---

[17] Cédula de Felipe II, refrendada por su secretario Pedro de Hoyo, dada a 15 de junio de 1561 (ARCHIVO DE PALACIO, *Cédulas Reales*, II, 123).

[18] IBIDEM: *Cédulas Reales*, IV, 138, 342; V, 7 y 468 v.

[19] IBIDEM: *Cédulas Reales*, II, 123 v. y 383.

[20] IBIDEM: *Cédulas Reales*, II, 123 v.

[21] IBIDEM: *Cédulas Reales*, II, 124 y 254 v.

[22] IBIDEM: *Cédulas Reales*, II, 124 y 230.

[23] IBIDEM: *Cédulas Reales*, II, 124 v., 125; IV, 167 v., 328 v.; V, 114; VI, 322.

[24] IBIDEM: *Cédulas Reales*, II, 125 y 272.

[25] IBIDEM: *Cédulas Reales*, II, 125 y v.; III, 9.

[26] IBIDEM: *Cédulas Reales*, II, 125 y v.

[27] IBIDEM: Cédulas de 1.º de febrero y 26 de julio de 1561, II, 88, 89 y 227 v.

cia de Alonso de Mesa, Contador y Veedor de las obras de Aranjuez, a quien se le dan para el caso unas extensas y capitales instrucciones desde Madrid, por Cédulas regias de 25 de junio de 1561 [28], y donde asimismo prestan sus servicios otros españoles, como Pablos de Montoya y Alonso Vázquez, aunque éste tenga por oficio especial el de «*chapodar y adereçar las calles de chopos*» que se han plantado allí [28 bis].

En los años sucesivos, las Cédulas regias nos darán noticia de nuevos nombramientos de jardineros para los demás sitios reales; y así, en 1562, Martín Linche, francés, adscríbese al Palacio de El Pardo, y Pedro Hennetón, en sustitución de su fallecido hermano Héctor, entra en la Casa del Campo, con Pedro Xalque, tudesco, que pasa en 1568 a Aranjuez [29]. En 1576 se nombra a Huberto Guisdal, hijo de Andrés Guisdal, flamenco, para que sirva de jardinero en Aranjuez; y al siguiente año de 1578 a Esteban Francés, con igual oficio en la Casa del Campo, y sus buenos tres reales diarios de salario [29 bis].

Las Cédulas reales, aun en su mismo parco len-

---

[28] IBIDEM: *Cédulas Reales*, II, 127 a 130 y 227 v.
[28] bis En la Cédula Real de 15 de febrero de 1561 figura la nómina o relación de todos los jardineros franceses y flamencos que trabajaban por entonces en las casas reales. (IBIDEM: *Cédulas Reales*, II, 120 a 126.)
[29] Cédulas Reales de 25 de enero de 1562, 24 de septiembre de 1574 y 29 de diciembre de 1568 (IBIDEM: II, 167; IV, 139, y III, 98).
[29] bis Cédulas de 11 de febrero de 1576 y 29 de marzo de 1577 (IBIDEM: IV, 300 v., y V, 13 v. y 14).

guaje cancilleresco, nos informarán también de otros pormenores y noticias curiosas sobre la marcha de los jardines reales y la vida de los jardineros españoles, tudescos, flamencos y franceses que los cuidan, y en todas se advierte la mano detallista, minuciosa y organizadora de Don Felipe, con multitud de datos muy curiosos para la historia de la jardinería en España. Porque no basta tener expertos jardineros: Aranjuez, la Casa del Campo, Valsaín y los demás sitios reales, donde aquéllos trabajan, son pobres todavía en árboles y plantas, y para suplir estas faltas abundan las comisiones y encargo, que, por mandado del monarca, se dan para traerlos de diferentes regiones y países, reflejados en sus Cédulas Reales. En 2 de Mayo de 1561, estante aún Don Felipe en Toledo, pero ya con el pie en el estribo para venir a Madrid y asentar en esta villa su nueva Corte, sabemos que han venido de Flandes 12 líos y fardos con árboles y plantas y diversas herramientas, además, propias del arte de la jardinería, que, a la cuenta no se conocían en España y que se desembarcan todos en el santanderino puerto de Laredo [29 ter]. Un mes después se entregan 800 escudos de oro del sol (moneda francesa) a Claudio Challar, criado del Obispo de Limoges, Embajador de Francia a la sazón cerca del Rey Prudente, a fin de que compre allí cierta cantidad de árboles y plantas para Aranjuez [30]. Asímismo, por Cédula de 22 de febrero de 1562, Alonso Berrocal, «a cuyo cargo son los jardines de nuestra casa

---

[29] ter Cédula de 2 de mayo de 1561 (IBIDEM: 102 v. 103).
[30] Cédula de 21 de junio de 1561 (IBIDEM: II, 120).

real del Bosque de Segovia», recibe los dineros necesarios para que adquieran también árboles, simientes y yerbas «para plantar, sembrar y criar en los dichos jardines, y que estén bien tratados y luzidos»[30 bis]. Son los tiempos en que Don Felipe transforma y hermosea aquel sitio real, con el propósito de que pueda acompañarle en él su amante esposa Doña Isabel de Valois, y gocen juntos, como habrán de hacerlo poco después, de los encantos y soledad que les brinda tan bello rincón.

Los árboles llegados a Laredo en el año anterior, y que habían sido trasplantados en el pueblo inmediato de Colindres, eran en número de 4.100, y para traerlos al Palacio del Pardo, adonde estaban destinados, se da la oportuna comisión a Guillermo Coluens, jardinero flamenco, a fin de que se haga cargo de ellos, mandando que no se le cobre nada en las posadas de su camino, y se le provea de las necesarias bestias de guía y carretas de transporte de que hubiere menester[31].

Menudean sobremanera, de 1562 a 1570, las Cédulas reales relativas a la ordenación y embellecimiento de los jardines regios, y haría interminable esta relación si fuera anotando todas; pero entre dichos años hay uno, el de 1565, en que la actividad jardinera es extraordinaria y fecunda por demás. En enero de dicho año vienen de Flandes 19 cestas con diferentes especies de árboles y 17 cajas

---

[30] bis Cédula de 22 de febrero de 1562 (IBIDEM: II, 301).
[31] Cédulas de 7 y 8 de noviembre de 1562 (IBIDEM: II, 274 y 294).

de diversas plantas y simientes [31 bis]. Asímismo, se mandan traer del Reino de Valencia árboles y arbustos con murgones de mosquetas, murtelas, jazmines y otras plantas de jardín para adornar el de Aranjuez [32]; como de Sevilla llegarán asimismo a fines de aquel año, «cierta cantidad de plantas y yerbas» con igual destino [32 bis].

Otras comisiones semejantes a las referidas se leen con frecuencia en las Cédulas reales de los siguientes años; por ejemplo, la que en 1569 se da al jardinero flamenco Juan Holbecq para que adquiera en Valencia «naranjos y árboles frutales, mosquetas, murtas y otras plantas para las huertas y jardines de Aranxuez» [33]. De la misma región valenciana traerá en junio de 1566 Agustín Timbunete, galo a la cuenta, «murtas, mosquetas, jazmines, naranjos y otros árboles frutales y plantas», que se pondrían «en el jardín de la ysla del dicho Aranjuez» [34].

En Málaga se cultiva una clase especial de naranjos enanos, que, asímismo, se envían desde allí para adorno de los jardines reales [34 bis]. Todo en efecto parece poco a Don Felipe en su extraordinaria afición a los árboles y a las flores. Por ello, Don Felipe tiene gran cuidado en que sus jardineros flamencos y franceses estén contentos y bien tratados,

---

[31] bis Cédula de 7 de enero de 1565 (IBIDEM: II, 419 v.).
[31] Cédula de 6 de enero de 1565 (IBIDEM: II, 160).
[32] bis Cédula de 10 de diciembre de 1565 (IBIDEM: III, 4 v.).
[33] Cédula de 4 de noviembre de 1565 (IBIDEM: II, 466 v.).
[34] Cédula de 15 de junio de 1566 (IBIDEM: III, 32).
[34] bis IBIDEM: *Cédulas Reales*, III, 110 v., 111 y 215).

y en prueba de ello son muchas las Cédulas reales que registran los crecimientos de sus salarios y otras mercedes que acuerda el Rey Prudente, satisfecho a la cuenta de sus servicios [35].

Pero a veces también las mismas Cédulas nos informan, indiscretas, de las malandanzas y demasías de los mismos jardineros, como las de aquel Juan Lengle, quien al intentar prenderle el Alcayde de Aranjuez por cierta pendencia habida con otro de su oficio, no sólo se le opuso, sino que, además, cometió el grave desafuero de quebrarle la vara de la justicia que tenía en las manos. ¡Pero bueno era Don Felipe para este linaje de delitos que atentaban a su autoridad! El tal Lengle es condenado a recibir 100 azotes públicamente, a enclavarle después la mano derecha y a diez años de destierro, que a la postre se le perdonan, acaso porque el Rey, mirando por sus jardines, no quiso desprenderse de sus útiles servicios [36].

Cuando adelantan las obras de El Escorial, Don Felipe piensa que habrá que decorarle también con árboles y flores, y a tal fin se dan las órdenes pertinentes a Juan de Ayala, Alcayde de la Casa de Aranjuez, para que envíe al Monasterio todas las especies botánicas que han de plantarse allí, según minuciosa relación que para ello se le ha remitido, de modo que pueda hacerse «quando y cómo pareciera conveniente, sin que pierdan sazón» [37].

---

[35] IBIDEM: *Cédulas Reales*, II, 254; IV, 107 v.; V, 110 v., 118; VI, 468 v., etc.).

[36] Cédula de 28 de enero de 1563 (IBIDEM: II, 272).

[37] Cédula de 10 de febrero de 1569 (IBIDEM: III, 105.).

De toda esta cohorte de jardineros, los más conocedores y expertos, a lo que parece por los repetidos crecimientos de sus salarios y categórica mención que se hace de «su suficiencia y habilidad», son el dicho Juan Holbecq, flamenco, y su hijo Francisco, que sirve su oficio en la Casa de Aranjuez [38]. Otros compañeros suyos en la común profesión reciben asimismo sus reglamentarias provisiones en cahíces de trigo, prorrogándose estas concesiones en años sucesivos por la mano liberal del Monarca, a buen seguro con el vivo deseo de tenerlos contentos a todos y estimularlos en sus trabajos [39].

Pero las flores, como si fueran humanas criaturas, además de su cuerpo, formado por sus tallos airosos, colores múltiples, contornos peregrinos y caprichosos, tienen un alma, y esta alma, tímida y pudorosa, es el olor, su fragancia, que no sólo distingue a unas de otras, sino que, además, hace que prefiramos aquéllas que nos entregan su alma en el perfume que exhalan. Una flor (ya nos lo adelanta su género gramatical) tiene mucho de femenino, y el perfume en las flores es como el ingenio, la gracia en la mujer, que de poco vale que sea hermosa, si

---

[38] Cédula de 3 de marzo de 1567 (IBIDEM: III, 48).
[39] Cédula de 27 de julio de 1569, en la que se acrece el salario en 50 ducados a Juan Holbecq, jardinero de Aranjuez, «acatando su habilidad y trabajo y cuidado que tiene en los jardines de su cargo y lo que ha seruido en algunos caminos que ha hecho». Se le mandaba también que acudiera al cuidado y servicio en los jardines de El Pardo, Valsaín, Alcázar, El Escorial, Casa de Aceca y Alcázar de Toledo (IBIDEM: III, 106 y 124 v.). ¡Hasta dónde llegaba el amor de Felipe II a los jardines y a sus flores! ¡No hay sitio o posesión regia en que no los plante!

a la vez no brilla en ella esta forma alada de la inteligencia, que es el ingenio. Del mismo modo, no basta que las flores ostenten su colorido, paridad de su belleza; han de tener también su perfume, su fragancia, que son a la vez sus mensajeros, pues antes de que lleguemos a verlas, nos avisarán de su presencia callada y oculta, nos dirán que estamos en su cercanía, acuciándonos a que las busquemos, para contemplarlas y recrearnos en ellas. También este aspecto o valor singularísimo de las flores, lo veremos recogido por Felipe II, de modo impensado y curiosísimo. Aquel jardinero flamenco, Francisco Holbecq, de quien hace poco os hablaba, además de su gran habilidad en el cultivo de las flores, tenía otro cargo relacionado con su oficio: el de «destilador de aguas y aceites» [39 bis]. Por especial disposición de Felipe II, cuando se construye el Monasterio de El Escorial, separada e independiente de la mansión de los frailes y a espaldas de la parte que mira a Oriente, se labra una botica, repartida en siete u ocho pie-

---

[39] bis Sobre Francisco Holbecq, como destilador, hay bastantes noticias en las Cédulas Reales. Ya lo era en 24 de enero de 1572, pues por una Cédula de esta fecha se manda darle las llaves de la caseta de Aranjuez, «juntamente con su oficio de destilador de aguas» (IBIDEM: *Cédulas Reales,* III, 299 v.). (Véanse también para él los tomos II, 448 v. y 468 v.; III, 48 y 299 v.; IV, 117 v.; VII, 22 y 348, y VIII, 381 v. y 443.) Las últimas noticias suyas que registran estas Cédulas Reales llegan al año de 1594. Había, pues, en la casa de Felipe II oficio de destilador de aguas y aceites, y durante su reinado lo sirvieron, además de Francisco Holbecq, los siguientes: Juan Vicencio, italiano (1580); Juan del Valle (1582), Juan Vicencio Forle (1591) y Juan de Sancten (1595). (ARCHIVO DE PALACIO: *Cédulas Reales.*)

zas [40]. Pero este nombre de *botica*, no le cuadra por entero, porque en su interior, lo que realmente está instalado, es un verdadero laboratorio, con sus retortas, matraces, redomas, destilatorios, alquitaras y alambiques, unos, fabricados de metales, otros, de vidrio, «con que se hazen mil pruebas de la Naturaleza—escribía el Padre Sigüenza—, y que con la fuerza del arte y del fuego y otros medios e instrumentos, descubren sus entrañas y secretos y se veen a los ojos pruebas de cosas maravillosas» [41]. Allí, en efecto, se trataban toda suerte de cuerpos: el oro, la plata, el plomo, el cobre, el hierro, el coral y las perlas, con innúmeras experiencias, para extraer de ellos sus quintas esencias, buscando cuerpos nuevos, soluciones químicas extrañas, y entre ellos especialmente el llamado *oro potable*. «Al plomo hacen que nos dé azúcar—atestiguaba el mismo historiador—, al acero y al ladrillo, aceite; que las perlas del mar se tornen en aquel rocío del cielo de que se formaron en sus conchas, y las bebamos hechas agua, o las comamos como azúcar; que los corales se hagan li-

---

[40] Fr. JOSÉ DE SIGÜENZA: *Tercera parte de la historia de la Orden de San Jerónimo*. Madrid, Imprenta Real, MDCV, página 848.

[41] *Ibidem*. De este laboratorio habla también el P. Fray JERÓNIMO DE SEPÚLVEDA, en su *Historia de varios sucesos y de cosas notables que han acaecido en España* (edic. Zarco Cuevas, Madrid, Imprenta Helénica, 1924, pág. 373), haciendo grandes ponderaciones de él: «¿A quién no admiran—escribía—aquellas máquinas tan grandes de sacar aguas, por vidrios? ¡Qué de cosas preciosas y de gran valor hay en esta oficina!». Y añade que el destilador o maestro oficial de esta botica era un fraile llamado Fray Jerónimo de Albendea, loando por extremo su ciencia.

cor rojo; la canela, el clavo, el gengibre y otras cien especies aromáticas descubran aquellos espíritus insufribles de su virtud; y lo que sobrepuja a todo, nos hagan casi venir a creer que nos dan a beber oro...» [42].

Pero, sobre este aspecto alquimista del laboratorio de El Escorial, llamémosle así, había además otro, intrínsecamente relacionado con las flores, y en que, escondida pero real, se ve también la mano de Felipe II y su afición a ellas. Porque en dicha botica escurialense realízase otro trabajo más, y por extremo curioso, a saber, el de sacar de las plantas y flores lo que entonces se decían «quintas esencias o aceites», y hoy llamamos simplemente *perfumes*. Al describirnos en sus Memorias, ya en las postrimerías del reinado de Don Felipe, un criado suyo flamenco, Jehan Lermite, este departamento de El Escorial, daba la lista de «las aguas que se destilan de toda suertes de hierbas, metales y especerías, y de las cuales se extraen también las *quintas esencias*», relación verídica en un todo, porque él mismo asegura que se la había dado uno de los destiladores que trabajaban allí [43]. En esta relación, y bajo el

[42] SIGÜENZA: *Tercera parte de la Orden de San Jerónimo...*, op. cit., pág. 848. De los destiladores, su oficio y nombres de los más famosos en su tiempo, habla también SUÁREZ DE FIGUEROA en su *Plaza universal de ciencias...* Madrid, 1615, folios 210 v. y 221. El P. Sigüenza dice que los médicos no se atrevían a aplicar los productos de estas destilaciones a sus enfermos; pero en los años de Suárez de Figueroa comenzaban ya a admitirse, aunque con no pocos peligros para aquéllos.

[43] *Le Passetemps de Jehan Lhermite*, Antwerpen, 1896, tomo II, págs. 72-75. Lhermite no se contenta con dar una

nombre dicho de *aceites,* encontraremos las esencias de muchas plantas y flores: la rosa, el anís, el hinojo, el espliego; con otras silvestres, como el romero, poleo, cantueso, tomillo, el sándalo y la ruda [44], en suma, las mismas especies botánicas de que hoy se extraen los perfumes costosos y femeninos, y que entonces también, encerrados en sutiles vidrios y labradas bujetas, se llevarían luego a la cámara de la Reina, de las Infantas, damas de Palacio y señoras encopetadas de su servidumbre, para que se aromasen con ellos. Son las llamadas entonces genéricamente *aguas de olor,* para cuya composición han llegado hasta nosotros muy curiosos recetarios antiguos [45], y que a veces perfumarían también los pañi-

---

descripción muy minuciosa de este laboratorio y del procedimento usado en la destilación, sino que, además, trae tres dibujos suyos muy curiosos, donde puede verse la disposición de los alambiques, y entre ellos el más grande y principal de todos, llamado «la torre filosofal», con los utensilios y recipientes auxiliares de ella. Son documentos gráficos para la historia de la química del mayor interés.

[44] LHERMITE: *Le Passetemps...* II, 72-73. Enumera los vegetales y minerales que se trataban en esta botica, en número de 42, «et de touttes autres choses que imaginer se peuvent». Véase también el muy curioso folleto de RODRÍGUEZ MARÍN: *Felipe II y la Alquimia,* Madrid, 1927, donde relata ciertos intentos que se hicieron en Madrid en 1567, antes de la fundación de El Escorial y con conocimiento del Rey para obtener oro, transmutando otros metales, con fines muy distintos a los de los destiladores. Pero mientras que Don Felipe creía en estos últimos y alentaba su trabajo, como hemos visto, no calla su absoluta incredulidad en obtener oro de cuerpos viles. Distinción muy sutil y expresiva que le honra mucho.

[45] Tengo a la vista tres manuscritos de estos recetarios o libros de fórmulas para obtener estas aguas de olor. El más antiguo lleva por título: *Vergel de señores en el qual se muestran a hazer con mucha excelencia todas las conservas*

zuelos y lienzos de los galanes aristocráticos y pisa-
verdes, como pedía el Galateo [46]. Aspecto nuevo y
curiosísimo—repito—de la pasión de Felipe II por
las flores, quien, no contento con cultivarlas y com-
placerse en ellas, hace que se extraigan sus esencias, dándolas así una segunda y duradera vida.

Pero fuera de estos documentos y testimonios, no
esperemos por eso que tales aficiones y predilección
de Don Felipe por los árboles, huertos, jardines y
flores, se recojan de modo explícito por sus biógrafos y contemporáneos [47], porque para ellos, tales

---

*e lectuarios... Item se muestran a hazer todos los azeites así
de olores como de mediçina... Item aguas y afeites de rostro...
Item olores para aguas y polvillos...* (1 vol. ms. letra de primera mitad del siglo XVI, 4.º, de 239 ff.) (BIB. NAC., Mss. número 8.565.) Manuscrito por extremo curioso.

*Liuro de receptas, de piuetes, pastilhas o luvas perfuma-
das.* (Ms., 1 vol., 63 ff., letra siglo XVI. BIB. NAC., Mss. núme
ro 1.462.)

Receptas experimentadas para diuersas cosas. (1 vol., 4.º,
262 ff., letra siglo XVI. BIB. NAC., Mss. núm. 2.019). Todos estos recetarios son muy interesantes y valiosos para trazar una
historia particular de la perfumería en aquel siglo. La más
exigente de las damas modernas hallaría en ellas fórmulas
para todos sus deseos: para enrubiar o ennegrecer el cabe-
llo; para lavarse la cabeza; para depilatorios; agua para el
rostro y los dientes, y toda clase de afeites para las
manos, para pastillas, pebetes y polvillos, polvos de dientes,
agua de azahar y muchas cosas más, con una riqueza extraordinaria de fórmulas y recetas de este linaje cosmético.

[46] «... y lo que mejor parece al que se precia de galán
es traer rociados los lienzos con aguas olorosas» (*Galateo español*, por LUCAS GRACIÁN DANTISCO. Madrid, Vda. de Alonso Martín, 1632, fol. 104 v.).

[47] Tan sólo, al hablar de las cosas magníficas que hizo
Don Felipe durante su reinado, edificios, alcázares, templos,
dice de pasada «los bosques, los jardines»; tan a la vista de
Porreño y de todos estaban, que no puede callarlos. Idénti-
cas alabanzas escribe más concretamente de los jardines de El
Pardo BALTASAR PORREÑO: *Dichos y hechos del Señor Rey*

rasgos suyos eran particularidades nimias y de poca monta; y así, Cabrera de Córdoba, Baltasar Porreño, Van der Hamen y los Embajadores venecianos, al trazar su etopeya, fijábanse más bien en sus prendas morales, en sus dotes de gobernante, su justicia, su prudencia, su laboriosidad, su dignidad real, desdeñando estos otros matices de su espíritu, tan valiosos e inapreciables, en cambio, para nosotros, como descubridores y reflejos de su sensibilidad y psicología. Con todo eso, ellos también, aunque en forma indirecta e involuntaria, vendrán a confirmarnos implícitamente tales aspectos suyos, en las descripciones que trazan de los sitios reales, en las cuales hallaremos nosotros los frutos tangibles y abigarrados de estos afanes de Don Felipe. El nombre de Aranjuez hízose proverbial en la literatura y en el habla común de entonces como lugar de delicias, como un terrenal paraíso con sus espesas arboledas, bellísimos jardines y muchedumbres de plantas y flores, que alegraban la vista y embalsamaban el ambiente [48]. Un testigo contemporáneo de sus bellezas, hombre detallista y minucioso, dice, que a fines del siglo XVI, poco antes de la muerte de Felipe II, los árboles de todas clases, chopos, álamos, moreras, nogales, fresnos, almendros y sauces con

---

Don Philipe Segundo. Cuenca, Saluador de Viader, 1628, folios 115 y 116 v.

[48] JEHAN LHERMITE, después de la larga descripción que hace de Aranjuez en *Le Passetemps...*, acaba diciendo: «Et ne se peult imaginer ceste playsance soit en sa viguer le mois de avril et may, quand tout y est fleuri et saysonné, que ce semble vrayment estre un paradis terrestre» (*op. cit.,* II, 103, 105).

ctros frutales pasaban de 200.000 [49]. Con las alabanzas y descripciones que los escritores de entonces —historiadores, poetas y novelistas—hacen de Aranjuez, podría componerse una extensa antología o florilegio.

> *Hay un lugar en la mitad de España*
> *Donde Tajo a Jarama el nombre quita,*
> *Y con sus ondas de cristal lo baña,*
> *Que nunca en él la yerba vió marchita*
> *El sol...*

escribiría Lupercio Leonardo de Argensola. Y luego:

> *Sobre las bellas flores, que adornando*
> *El suelo como alfombras africanas,*
> *Las están con mil lazos esperando,*
> *Las calles largas de álamos y llanas*
> *Envidia pueden dar a las ciudades*
> *Que están hoy de las suyas muy ufanas* [50].

De la Casa del Campo y de la hermosura de sus jardines, nos queda la preciosa descripción que de ella hizo Pérez de Mesa por los tiempos también de Felipe II. «Abraza grande sitio y toda ella está cer-

---

[49] LHERMITE: *Le Passetemps...* II, 108.
[50] *Rimas del secretario Lupercio Leonardo*, Zaragoza, 1634, páginas 116, 122. Don Antonio Hurtado de Mendoza hace asimismo una descripción muy elogiosa de este real sitio en su *Fiesta que se hizo en Aranjuez a los años del Rey nvestro señor D. Felipe IV* (Madrid, Juan de la Cuesta, 1623). (Vid. la reproducción de este poema en *Obras poéticas de* ..., Madrid, 1947, Bib. Selecta, tomo I, págs. 1 a 42.)

cada de un buen muro—escribió—; tiene dentro muy buenos cuartos y repartimientos, muy linda arboleda y hermosísimos jardines, con mil diversidad de flores y hierbas repartidas por sus eras con extraño artificio y galantería; hechas en las eras mil invenciones de las hierbas; unas, representan pastores con sus corderillos; otras, peregrinos o romeros; otras, dan representación de ninfas, y otras, de galeras, y otras, de castillos y de infinitas cosas» [51]. Y como si todo este vergel no fuese bastante, los jardines de la Casa del Campo estaban llenos de laberintos, grutas y estancias caprichosas, con sus adornos de fuentes, estatuas, grutescos y estanques. «Finalmente hay en esta Casa del Campo—concluía Pérez de Mesa—tantas y tan notables cosas de recreación, de relojes, jardines, fuentes, flores, edificios y otras cosas, que sería menester gastar mucho papel, para poder escribir dellas, en confuso y generalmente» [52].

Lope de Vega, que, en su amor a la soledad, también frecuentaba la Casa del Campo, nos dejará en su preciosa comedia *La gallarda toledana,* una larga descripción de sus bellezas:

> *Cebando los libres ojos*
> *En violetas, con narcisos,*
> *Rosas, azucenas, salvias,*
> *Retamas, claveles, lirios,*

---

[51] *Primera y segunda parte de las grandezas y cosas memorables de España,* por Diego Pérez de Mesa, Alcalá Juan Gracián, 1595, fol. 205 v. y 206.
[52] *Ibidem.*

Todos con hermosas fuentes,
Y de labores vestidos
De afectadas ajedreas
De romeros y tomillos [53]

entusiasmo suyo por este sitio real, que se desborda nuevamente en dos sonetos encomiásticos, insertos en su comedia *Lo que pasa en una tarde,* donde llega hiperbólicamente a decir, como en una paráfrasis poética del cuadro famoso de Boticelli, que

Sale deste jardín la Primavera
Por llevar a Aranjuez las flores,
Con que esmalta del Tajo la ribera [54].

Con ser El Pardo sitio regio dedicado principalmente a la caza, sabemos no obstante, por el testimonio asimismo de Pérez de Mesa, que en el foso o cava que ceñía al Palacio, había «muchos compartimentos y vasos de mil géneros de hermosas y saludables yerbas y vistosísimas flores, cuyas paredes estaban adornadas de jazmines y rosas» [55].

Cuando Don Felipe hace de El Escorial estancia predilecta suya, también llevará a él su entrañable afición a las flores, para recreo de sus ojos de artista y enamorado de la Naturaleza. El Padre Sigüenza, al llegar en la descripción del Monasterio al claustro grande, detiénese un tanto para mostrarnos su her-

---

[53] *Obras de Lope de Vega*, N. A., VI, 78, 79.
[54] *Obras de Lope de Vega*, N. A., II, 302.
[55] *Grandezas de España...*, op. cit., fol. 106 v.

moso jardín, «partido en diez y seis cuadros, los doze de flores y plantas, que hacen diversas labores»; agregando un dato curiosísimo más y muy valioso, porque demuestra con él que Don Felipe, no sólo amaba las flores vivas y libres en sus jardines, sino que además, hacíaselas llevar a su cámara para recrearse con ellas: «Estos cuadros—escribía—son tan frescos y hermosos en todo el año, que no hay mes ninguno, ni tan apretado del frío ni tan pasado del calor, en que no se hagan en él muchos y muy graciosos ramilletes de sus flores, *que se llevan a los Reyes,* y se ponen en los altares» [56]. Testimonio auténtico y precioso, porque, gracias a él, podemos ver imaginativamente adornadas las habitaciones de Don Felipe con las flores que a diario se cortaban de sus jardines, de aquellos jardines que con tanto celo y gusto hacía cuidar él.

Además, a media legua del Monasterio está la dehesa de La Fresneda, donde el Rey Prudente ha mandado construir una casa o palacete, al que va con frecuencia, como retiro favorito suyo. Rodéala un extenso parque, tan hermoso y colmado de flores, que al circunspecto historiador que es el Padre Sigüenza, espíritu culto y refinado también, le hace olvidar su gravedad, y «pues todo es frescuras, flores, plantas alegres y frutas—dice—será bien mudar el estilo y la corriente de la historia llana, y hablar al modo que dicen se usa agora, y en romance nuevo y fresco decir desta manera». Y a continuación

---

[56] Sigüenza: *Tercera parte de la historia de la Orden de San Jerónimo...,* op. cit., pág. 727.

así lo hace con pluma poética y alegre, enumerando «la multitud de pintadas aves que, con sus chirriadores picos, hacen la salva a la rosada aurora..., la copia grande de matizadas praderías vestidas con azules, blancas, rojas y amarillas flores, que despiertan en el alma unos como asomos del Paraíso y visibles cielos de la gloria... las cristalinas aguas... que, cayendo de lo alto, rocían y refrescan los blancos ligustros, las encarnadas rosas, los amarillos alelises, las moradas violetas, los lirios cárdenos, blancas azucenas, revueltas madreselvas, olorosas mosquetas y jazmines» [57]. Bellezas y delicias de La Fresneda, que en estilo más llano encarecerá también otro compañero de hábito del admirable prosista, contemporáneo suyo e historiador asimismo del Monasterio, el Padre Fray Jerónimo de Sepúlveda, al hablarnos de «aquellas extrañas maneras de flores, de claveles y azucenas y hermosas labores de hierbas, puestas con gran artificio, que admiran a cuantos las ven, y que a dicho de todos, hacían de este parque otro Aranjuez». «Es un retrato del paraíso—concluía— ver sus muchas flores, rosas y fuentes, bosques y sotos, vergeles y deliciosos jardines» [58].

Todo este simultáneo y coincidente embellecimiento de los sitios reales, los plantíos de sus árboles, la formación y cuidado de sus jardines, ¿de quién podían proceder o atribuirse sino al Monarca, severo y adusto, sí, pero de una exquisita sensibili-

---

[57] *Ibidem*, 850, 851.
[58] Fr. Jerónimo de Sepúlveda: *Historia de varios sucesos*, op. cit., 379, 380.

dad, de un amor grande a la Naturaleza, con un gusto singular por las flores? ¿Cabe pensar que los graves monjes de El Escorial saliesen de sus estudios y rezos para dedicarse a hacer de La Fresneda aquel lugar delicioso y embellecido por sus pensiles? En modo alguno; y testimonio patente y probatorio de que fué el propio Felipe II quien dispuso su ordenación, nos lo da aquella cláusula de su codicilo, por la cual lega al Monasterio unas dehesas en las riberas del Jarama, para que con sus rentas se continuasen sustentando los jardines de El Escorial y La Fresneda, perpetuamente [59].

Este culto del Rey Prudente a ellos nos lo presenta como un hombre nuevo y desconocido. Sabíamos ya su afición a la música, que le hace adscribir a su servicio desde muy joven al mejor organista de su tiempo, Antonio de Cabezón; y aun cuando no llegue yo a creer que tañese personalmente la vihuela, como ha conjeturado un biógrafo suyo [60], son varios los testimonios contestes que dan fe cumplida de su temperamento musical. Harto sabida es también su pasión arrebatadora por los buenos cuadros,

---

[59] En su Codicilo de 25 de agosto de 1598, dejaba las dehesas de Gózquez y San Esteban, en la región del Jarama, «para que sirva y se aplique a la buena conservación de los jardines de Sant Lorenzo». *Codicilo de las cosas tocantes a San Lorenzo el Real, otorgado en dicho Monasterio por el Católico Rey Don Felipe II, a 25 de agosto de 1598*. Publicado por el P. Fray JULIÁN ZARCO CUEVAS, en *Documentos para la Historia del Monasterio de San Lorenzo el Real de El Escorial*. Madrid, 1917, págs. 59 y 60.

[60] El P. LUIS VILLALBA, en su artículo *Felipe II, tañedor de vihuela* (en *Ciudad de Dios*, tomo XCIV (1910). páginas 442-457).

esculturas y todo género de obras de arte, vidrios, esmaltes y miniaturas, que convertían el Alcázar madrileño en un verdadero museo. Sobre todos ellos, estos datos auténticos e inéditos de sus Cédulas reales nos muestran una faceta más de su psicología, enigmática para muchos, pero clara, concordante, para cuantos serena e imparcialmente se adentren en el estudio de su vida. Y a la vez, ayudan a desentrañarla y esclarecerla. Para mí, la pasión de Felipe II por los jardines y las flores nace de dos causas; una, su timidez; y otra, su amor al campo y a la soledad. No quiere esto decir, naturalmente, que todos los hombres enamorados de las flores tengan que ser tímidos; pero en el fondo de todo tímido hay algo de naturaleza femenina, y sabido es que las mujeres son y han sido siempre las más apasionadas y entusiastas de las flores. El culto constante de ellas arguye una suave delicadeza de espíritu, una extremada sensibilidad, el amor a lo bello, el sentido del color, de la armonía y del equilibrio. Si a estos matices del ánimo se agrega la tendencia a la soledad, el gusto del campo, donde cobran su vida libre las flores, triunfan y campean, desde la humilde y campesina, hasta la selecta y cultivada, tendremos una explicación de la pasión que indudablemente Felipe II sintió hacia ellas, y su afán de aderezar jardines, poblados con las más exquisitas flores, que alegrasen sus ojos y le acompañaran en su soledad.

La gran variedad de flores que ya en su tiempo se cultivan, ayudaría también a avivar esta pasión del Rey Prudente por ellas. Pues cuando podríamos presumir que su afición floreal tendría que estar forzosamente limitada a unas pocas y vulgares especies, notamos con asombro que son casi multitud, rica y distinta, con nombres castizos españoles, a buen seguro creados por el pueblo con su gran poder genético verbal. No creáis que son una invención. Todas ellas figuran en un librillo muy raro, coetáneo de Don Felipe, y dedicado también a él por su autor, Gerónimo de los Ríos, acaso por conocer el gran amor que el Monarca las profesaba. Titúlase *Agricultura de jardines,* y tiene el singular valor, tan honroso para España, de haber sido la primera obra impresa en el mundo en esta materia, adelantándose a Francia y a los demás países en cerca de medio siglo. Y ¡cuán lindos y musicales son, ciertamente, los nombres de las flores españolas, que Gerónimo de los Ríos registra en ella! ¿Queréis oír algunos? ¡Qué bien sonarán en vuestros oídos, señoras que me escucháis! Albahaquillas, almoraduxes y altamisas; besicos de monja, amaros y verdolagas; corazoncillos, cidronelas y zadivas; espuelas de caballero y filopéndolas; gradiolos y gigantas; menotisas y mirabeles; napeles y violas; pensiles y pimpinelas; papagallos y sanguinas; serpilos y torongiles; elalas e hisopillos, ¡qué colección de voces tan lindas y graciosas de flores, algunas llegadas hasta nosotros, otras que se quedaron rezagadas y marchitas en los búcaros de alguna dama castellana, y que hoy apellidamos con afrancesadas voces! ¡Cómo nos hablan con sus colores vivos y en su elocuencia muda de la vida íntima del hogar, de la pasión por las flores, que, contra su pretendida insensibilidad y rudeza de alma, vive y se transmina de unas a otras generaciones españolas! Verdad es que no hay mejor compañía que ellas; nada nos hace abstraernos y evadirnos de las cosas zafias y vulgares, como la contemplación tranquila y estática de un ramillete de flores. A veces, por conservarlas y gozar de sus colores, haremos cosas impensadas y extrañas. Yo conocí a un apasionado de las flores, que para no privarse del encanto que le producía un rayo de sol, que todas las tardes al trasponerse, atravesando el cristal de una ventana, caía sobre un búcaro de rosas, encendiéndolas de improviso como una llama viva, adquirió el solar vecino por donde venía libre y ensoñador aquel rayo de sol, a fin de que nadie pudiese construir en él y acabase con este hechizo.

Sabido es, que por desdicha, nos quedan poquísimas cartas familiares de Felipe II; gran enemigo de los papeles íntimos, procedía a su destrucción implacable, tanto que él mismo confiesa que rompía las epístolas de sus hijas después de leídas [61]. Lástima grande, porque las cartas familiares tienen un valor inapreciable y único, para poder adentrarnos en el conocimiento de un carácter. Con todo eso, en las únicas salvadas suyas que nos quedan, aquellas

---

[61] Lisboa, 30 de julio de 1582. Felipe II «A las Infantas, mis hijas». «A las demás cartas vuestras, por ser ya viejas, acuerdo de no responder, sino quemarlas, por no cargar más de papeles...» (GACHARD: *Lettres de Philippe II a ses filles*, Paris, Plon., 1884, pág. 184.

tan famosas, escritas a sus dos hijas, Isabel Clara Eugenia y Catalina Micaela, durante su estancia en Lisboa en los años de 1581 a 1583, que tanta impresión produjeron en Europa al sacarlas a luz Mr. Gachard, por descubrirse en ellas un Felipe II tierno, amoroso y paternal, encontraremos algunos datos y noticias pasajeras, pero probatorios también de la tesis que vengo sosteniendo. Poco después de su llegada a Lisboa, describe a sus hijas ios jardinillos que hay en la ciudad, a los que llaman *alegretes,* y que no le parecen mal, prometiendo llevar la traza de ellos para su copia en España [62]. Parecida impresión le produce la visita de los jardines y huertas del Monasterio de Peñalonga: «son buenos y muchos, y muy buenas fuentes—dice—, que las tomaría yo para allá» [63]. Y cuando va a Cintra, con ser este lugar tan soberanamente hermoso, «que tiene muy buenas casas, y algunas que no me parece que en ninguna parte las he visto tales», sus ojos, no obstante, vanse detrás de su gran pasión: «holgara yo harto de veros en ella—dice a sus hijas—, porque creo que holgárades, que tiene jardines y fuentes» [64].

Con las cosas que envía a las Infantas para curiosidad suya, por ejemplo una gran lima dulce, no faltan las flores como preciado regalo. «También van allí—las dice—unas rosas y azahar, para que veáis que lo hay acá» [65]; y confirmando el testimonio ya

---

[62] GACHARD: *Lettres de Philippe II a ses filles,* 101.
[63] GACHARD: *Lettres de Philippe II a ses filles,* 116.
[64] *Ibidem,* 117.
[65] *Ibidem,* 135.

citado del Padre Sigüenza, añade esta interesantísima pincelada, reveladora de su amor a las flores: «y así es, que todos estos días, me trae el Calabrés ramilletes de lo uno y de lo otro; y muchos días ha que los hay de violetas. Junquillo no hay acá, que si lo hubiera, creo que ya hubiera salido, pero ay estotras cosas» [66]. Y en otra de sus cartas a sus hijas, escribe esta frase, donde apunta su conocimiento y saber de jardinería: «El junquillo amarillo que os llevaron de Aranjuez creo qu'es del campo, que sale primero que el del jardín, aunque no huele tan bien» [67]. Graves, muy graves son sus quehaceres de Estado durante su estancia en Lisboa, pero, al par de ellos, preocúpase y lastímase asimismo de la gran sequía que por entonces tantos daños causaba en Aranjuez y en El Pardo [68].

Porque, encerrado forzosamente en sus palacios portugueses, los ojos y el corazón se le van a cada instante hacia los sitios y retiros campestres castellanos, tan dilectos suyos y tan lejanos entonces, por su desgracia. «Y a la verdad—escribe en otra de sus cartas a sus hijas—también os tengo un poco de invidia a la ida al Pardo, donde ya deveis d' estar agora, porque ha escrito Salazar que estava muy bueno» [69], recomendándolas a la vez que no dejasen de ir también a la Casa del Campo [70], consejo que re-

---

[66] *Ibidem*, 135.
[67] *Ibidem*, 146.
[68] *Ibidem*, 86.
[69] *Ibidem*, 146.
[70] *Ibidem*, 176.

pite con mucha frecuencia [71], hijo de su gran nostalgia del campo y de sus bellezas incomparables naturales, que tan profunda e intensamente sentía.

No quiero callar, por último, un rasgo delicioso que contienen estas cartas de Don Felipe a sus hijas las Infantas, y que él solo vale por todo un libro para el conocimiento real de su psicología, de su sensibilidad y de su carácter. A mediados de 1582, hállase todavía en Lisboa encerrado en su Palacio, «dexos del campo», dirá nostálgicamente. Y no es la privación de la caza, ni la ausencia de sus jardines, lo que más le duele, no: su verdadero sentimiento, *saudade* o *soledad* (también es palabra por extremo expresiva de que se sirve para expresar su estado de ánimo) consiste... en que no puede escuchar el canto del ruiseñor. ¡Cuán sencilla e ingenuamente lo confiesa! Sus hijas le han escrito a primeros de abril de 1582 que están en Aranjuez, y al contestarlas su padre, dícelas literalmente: «Mucho holgué con vuestras cartas y con las nuevas que me dais de Aranjuez. Y de lo que más *soledad* he tenido es del cantar de los ruyseñores, que ogaño no les he oydo, como esta casa es lejos del campo.» Pero como su deseo de escucharlos es tan grande, aliéntase con la esperanza que encierra esta otra frase de su epístola, donde por entero se descubre: «No sé si los oyré por el camino, porque después de mañana pienso pasar este río y ir a dormir al Barrero...» [72], frase más sincera, más natural y llena de emoción

---

[71] *Ibidem*, 149, 150, 151 y 159.
[72] *Ibidem*, 161.

que aquella cantilena IV *A un ruiseñor,* de Esteban Manuel de Villegas [73], él, tan tierno poeta y gustador de todos los matices delicados, pero preñada de alusiones mitológicas, falta de sencillez. ¿Qué hubiera pensado Schiller, si al tiempo de componer su *Don Carlos,* torpe deformación de la figura de Felipe II, hubiese tenido conocimiento de este episodio delicioso que, a buen seguro, habríale llenado de asombro? ¿No revela esta pasión suya por las flores—he escrito yo en otro lugar—una suave delicadeza de alma, un temperamento por extremo sensible a la belleza, la existencia de unas fibras artísticas íntimas, que vibran y se estremecen ante la contemplación de un manojo de rosas encendidas, o se embriaga y transporta con el perfume penetrante de unos trepadores jazmines? Después de tantos y tan concordes testimonios ajenos y propias confesiones, ¿será aventurado concluir que Felipe II fué el monarca más amante de las flores, el rey *antófilo* (formemos el neologismo para él, que harto lo merece), antófilo por excelencia?

En una novela de un autor italiano del siglo XVI, Juan Bautista Giraldi Cinthio, hay un episodio muy tierno que guarda remota semejanza con otro, referente también al amor que Felipe II sentía por las flores, y que en seguida, para concluir, os relataré. La novela de Giraldi es una de tantas rapsodias de aquella otra de Bandello que sirvió a Shakespeare

---

[73] *Las amatorias de Don Estevan Manvel de Villegas.* En Náxera, por Juan de Mongastón. Año MDCXX, fol. 94.

para componer su apasionado drama *Los amantes de Verona*: dos jóvenes que se aman locamente desde su niñez, contra la voluntad de sus padres; el casamiento forzado de ella con un tercero, que la abandona luego, para ser recogida al fin por su primer galán, en cuyos brazos muere. También será éste quien prepare su sepultura; pero, al tiempo de colocarla en su féretro, ve un tiesto de colorados claveles, y tomando dos de ellos, los pone sobre el pecho de la amada. Al cabo de un año exhuma su cuerpo para llevarlo al panteón de sus mayores, y con asombro suyo advierte que los dos claveles se conservan tan frescos y vivos como cuando él los cortó [74]. Pues bien, tengo un vago recuerdo de haber leído hace muchos años, en un libro cuyo título olvidé, otra historia parecida que podría servir como de broche que cerrase mi semblanza floreal filipina, y con ella esta conferencia. Por los años de la Revolución del 68, ciertos personajes políticos, muy influyentes a la sazón, sintieron la malsana curiosidad de exhumar los cuerpos de Carlos V y de Felipe II en el Panteón de Reyes de El Escorial. Trasladados allí y puestos a ello, abrióse primeramente el sarcófago del Emperador, cuyo cadáver conservábase entero al parecer y momificado; pero como uno de los presentes al macabro espectáculo tocase irrespetuosamente la nariz del César, cuén-

---

[74] *Primera parte de las Cien novelas de M. Ivan Baptista Giraldo Cinthio, traduzidas de su lengua toscana por Luys Gaytán de Vozmediano.* Toledo, Pedro Rodríguez, 1590, folio 240 v.

tase que ésta se desprendió, convirtiéndose en polvo. Al bajar el féretro de Don Felipe para abrirlo no faltó quien, más piadoso, se opusiera a tal profanación; pero, a pesar de ello, triunfó la indiscreta curiosidad de los demás. Levantada la tapa, vióse que los gusanos habían hecho mejor su oficio que en su padre, y que del cuerpo del temido monarca no quedaban más que unos pocos huesos revueltos en un montoncillo de cenizas; sobre éstas advertíanse también los vestigios, apenas reconocibles, de algo que parecía un manojillo de flores. ¿Acaso antes de que en su día se cerrase el ataúd púsolas cariñosamente en él su hija Isabel Clara Eugenia, no sólo por ternura filial, sino recordando el gran amor que en vida suya las había guardado su padre? ¿Historia? ¿Leyenda? No puedo asegurarlo; pero sí que la leyenda aventaja a la historia en que muchas veces es más poética que ella.

Pero demos fin, que ya es hora, a esta desmañada conferencia. En ello espero que habré llevado a vuestro ánimo esta convicción: que el amor a las flores no ha sido, como os decía al comienzo, una conquista de nuestra sensibilidad moderna; que también lo sintieron intensamente los espíritus refinados y cultos de nuestro Siglo de Oro, y entre ellos, de modo singular, Felipe II; y que cuando Lope de Vega, en sus postreros años, desengañado del mundo, melancólico y senequista, busca el supremo bien de la vida en algo que llene su alma y le dé la paz y contentamiento que ansía, habrá de encontrarlo en muy pocas cosas, las mismas que él cifrará en aquel terceto, tan sabido, de sus *Rimas humanas y divinas*:

Mas tengo un bien entre tantos disfavores,
Que no es posible que la envidia mire:
Dos libros, tres pinturas, cuatro flores.

Y decía bien nuestro inmortal poeta; porque si las flores son gozo de nuestros sentidos, ensueños inefables para el alma, aquietamiento y serenidad del ánimo, hechizo, colorido y belleza, y todo esto nos lo dan, sumisa y pródigamente, ¿cabe pedir más?

II

No fué acaso ajena esta pasión de Felipe II por las flores a la composición del librillo que reproduce ahora nuestra Sociedad de Bibliófilos Españoles, y quién sabe si tuvo, en efecto, alguna remota causa o influencia para que se escribiese y saliera a luz. Vivía en Madrid, a fines del siglo XVI, un clérigo llamado Gregorio de los Ríos, de quien, por su modestia y oscuridad social, poco o nada sabemos; solamente él mismo nos dice en su prólogo que, desde muy niño, sintió una gran afición a los jardines, tanto que, cuando volvía de sus estudios, se entraba en uno de ellos—no menciona cuál fuera—y allí cultivaba plantas y hacía diversas pruebas, hasta conocer y asegurarse de lo que convenía a cada una. Llegado a mayor edad, ordenóse de presbítero, pero sin que su nuevo estado eclesiástico aca-

bara o aminorase siquiera esta su ingénita inclinación a la floricultura, que a la cuenta debió de seguir practicando en los jardines señoriales, con la
licencia que para ello le darían sus dueños. El caso
fué que, perseverando en este empleo gustoso de
sus horas, con observación continua de la vida de
las plantas y del cuidado y trato que pedían las flores, hízose experto y hábil en su cultivo, con la curiosidad, además, de anotar cada día las lecciones
y enseñanzas de su experiencia personal, cosa por
otra parte necesaria, pues las especies floreales eran
muchas y distintas, y cada una pedía su trato propio y privativo.

Como él asimismo declara en su citado Prólogo,
sus gustos e inclinaciones en orden a las plantas
miraban principalmente a aquellas cultivadas de
ordinario en los jardines, excluyendo a las medicinales, por ser esta materia propia de los herbolarios, «porque en los jardines no se quieren plantas
medicinales, a fin de que «no los ahoguen», y así
recomienda que cuando se quiera obtener esta clase de plantas se haga un *rejardín* con ellas. Acaso
en este consejo se refería Gregorio de los Ríos a
los jardines botánicos o de plantas salutíferas que
en Sevilla había hecho Simón Tovar, a imitación
de otro anterior del mismo género mandado formar por Felipe II a instancias del doctor Andrés
de Laguna, como antes vimos [75].

No es inverosímil que toda esta ciencia botáni-

---

[75] RODRÍGUEZ MARÍN: *Rinconete y Cortadillo, edición crí-
tica. Madrid, 1920*, pág. 25.

ca del buen clérigo llegase a noticia del Monarca;
y como por entonces se juntasen en la Casa del
Campo un buen número de jardineros y otras personas de su servidumbre, las cuales, para que los
domingos y días de precepto pudieran oír misa tenían que bajar a su capilla dos curas de la iglesia
de San Gil, hubo de pensar Don Felipe en nombrar
capellán de la dicha Casa del Campo a Gregorio de
los Ríos, con lo cual lograba dos fines: uno, levantar aquella carga espiritual, y en segundo lugar,
servirse a la vez de los conocimientos y competencia de Gregorio de los Ríos en el cuidado y conservación de sus jardines. Como, en efecto, lo hizo por
Cédula Real expedida en Aranjuez a 15 de noviembre de 1589 [76].

---

[76] «El Rey. Nros. offiçiales de las obra del nro. Alcazar
de la villa de Madrid y casas reales del Pardo y el Campo,
saued: que por la buena relaçion que se me a hecho de la
virtud y exemplo de Gregorio de Ríos, clerigo presbitero, y
la espiriençia que tiene de cossas de plantios y jardines, le
he mandado resçiuir por capellán de la diha. Cassa del campo,
y señalarle quatro reales ordinarios cada dia para su entretenimiento, con obligacion que aya de decir misa en la capilla della todos los domingos y fiestas de guardar, para que
la oygan los offiçiales y perssonas que siruen y trauajan en
la dha. Casa del campo, como se a acostumbrado hasta agora,
sin que para ello se le aya de dar cera ni vino ni otra cossa
por mi quenta. Por ende, yo vos mando que, cumpliendo el dho.
Gregorio de Rios con la dha. obligaçion, y siruiendo y ocu-
pandose en lo que mas se le ordenare de nro. seruicio, le
libreys y hagays pagar los dhos. quatro reales ordinarios
cada día, así los de trauajo como los domingos y fiestas de
guardar, por nominas de cada semana, segun y de la manera
que se pagan semejantes entretenimyentos a las demas perssonas que siruen en la dha. Cassa del campo; de que ha
gozar desde el día de la fecha desta mi çedula en adelante,
por el tiempo que fuere mi voluntad y entretanto que no
proueyere y mandare otra cossa en contrario dello; con lo

Sus términos no pueden ser más terminantes y abonan la verosimilitud de esta conjetura, pues en ella le manda recibir en el dicho cargo de capellán de la Casa del Campo, no sólo «por la buena relación que se me ha hecho de la virtud y exemplo de Gregorio de los Ríos, clérigo presbítero», sino, además, «por la experiencia que tiene de cosas de plantas y jardines». Y como si no fuera bastante, al señalarle en la misma Cédula regia sus obligaciones, y como primera de ella la de «decir misa en la capilla della todos los domingos y fiestas de guardar», se añade, además, que ha de servir y ocuparse «en lo que más se le ordenare de nuestro servicio», palabras que parecen referirse a sus habilidades y conocimientos de buen jardinero. A mayor abundamiento, y en comprobación de ello, se le asigna por vivienda la casilla de la Priora, que Felipe II había mandado comprar a Diego de Burgos, su boticario, y dentro de ella, el aposento que solía ocu-

---

qual ha de çesar y çesa para de aquí adelante la paga de los dos reales que se dauan a los capellanes de la yglesia de St. Gil de la dha. villa de Madrid por cada misa de las que yban a decir en la dha. Cassa del campo. Y el dho. Gregorio de Rios ha de viuir en la casilla de la Priora, que mandé comprar de Diego de Burgos, mi voticario, en el aposento que solia tener Juan Viçençio, mi destilador, y se le a de dar medico y mediçinas, como se dan a las otras perssonas que siruen en la dha. Cassa del campo; y mando que al pagador de las dhas. obras se le resçiba y pase en quenta lo que conforme a lo sobre dicho le diere y pagare, y que tomeys la razon desta mi çedula, vos, el veedor dellas. Fecha en Aranxuez, a quinze de nouiembre de mill y quinientos y ochenta y nueue años. Yo el Rey.» Refrendada de Juan de Ibarra, sin señal. (ARCHIVO DE PALACIO: *Cédulas reales*, volumen VII, folio 196 v.)

par Juan Vicencio, su destilador. Y como la casilla de la Priora estaba rodeada de jardines, parece que con esta merced se quiso adscribir más aún las actividades botánicas del buen clérigo, bien a estos jardines, bien a los de la Casa del Campo, tan hermosos y celebrados ya. Asignáronsele asimismo para su entretenimiento cuatro reales diarios, o sea el cuádruple del estipendio de cada misa, con derecho también al servicio de médico y medicinas que se daban a los demás empleados de la Casa del Campo, con todo lo cual quedó investido de su nuevo cargo, y pudo ostentar el honroso título de «criado del Rey». Tal nombramiento fué, sin duda, estímulo y acicate para que el flamante capellán prosiguiera el estudio y cultivo de las plantas y flores; y cuando se halló en posesión de un estimable caudal de observaciones y experiencias, decidióse a llevarlas primero al papel y luego a la imprenta, en la fundada creencia de que podrían servir de luz y provecho, no sólo a otros jardineros como él, sino a los dueños mismos de los jardines: reyes, príncipes y caballeros. Obtenido el correspondiente Privilegio real, dado en Madrid a 16 de enero de 1592, y alcanzada asimismo la Licencia del Consejo de la Cámara, fechada en 1.º de septiembre de 1592, así como la reglamentaria Aprobación, que firmaría Tomás Gracián Dantisco, y tras de pedir a sus amigos unas composiciones laudatorias, al uso de entonces, que adornasen su librillo, no muy inspiradas por cierto, aunque el último verso de una de ellas, un soneto, coincida en pensamiento con otro nada menos que de Lope de Vega, a fines del dicho año de 1592 salía a luz en Madrid, en un pequeño volumen, de las prensas de Pedro de Madrigal [77].

La dedicatoria, como no podía ser menos, va dirigida al Rey Don Felipe; no hace en ella alusión alguna a la pasión del Monarca por las flores, tanto por ser muy breve, como porque hubiera parecido irrespetuoso para la majestad regia tocar este punto, que miraba, más que a sus excelencias de gobernante, a su vida privada y personales aficiones, intangibles entonces para todos nuestros escritores.

La obra de Gregorio de los Ríos tuvo entonces, y conserva ahora, un mérito singular y muy honroso, a saber: el haber sido el primer libro publicado, no sólo en lengua castellana, sino en otra cualquiera europea en esta materia de las flores. Consciente su autor de esta excelencia, dos veces ufánase de tal primacía: una, en su Prólogo, cuando escribe: «Y teniéndose consideración a que los que han escrito de agricultura, y naturaleza y propiedad de los árboles y hierbas, jamás han tocado este particular de la población de los jardines, ni de la conservación de las plantas y verduras que en ellos se ponen, podré decir con razón ser yo el primero que escribe desta materia». Y luego, al fi-

---

[77] Véase para la portada su reproducción facsímile, más adelante. La obra forma un volumen en 8.º de 127 folios, más VIII de preliminares sin numerar, y uno al fin en blanco. Signaturas A-2, todas de 8 hojas. El papel es recio y bueno, y la impresión, en tipos grandes, clara y espaciosa. PÉREZ PASTOR registra y describe esta obra en su *Bibliografía madrileña...*, I, núm. 395.

nal de su obra, en que declara su contento por «dar principio a materia en que nadie ha escrito hasta hoy». No le faltaba la razón a Gregorio de los Ríos para sentir este orgullo de su prioridad floreal. Mucho se había escrito hasta entonces de plantas y huertas; pero era principalmente de las medicinales, raras y exóticas de las Indias. Fernández de Oviedo, Juan Fragoso, los dos Acosta (José y Cristóbal) y otros historiadores de ellas, habíanse ocupado de la flora americana, para cuyo estudio y selección el mismo Felipe II había dado órdenes e instrucciones muy minuciosas, que prueban una vez más su pasión por las cosas del campo; pero ni en la *Agricultura general,* de Alonso de Herrera, obra capital y famosísima en su género, ni en las de Andrés de Laguna y otros se había tocado este punto especial de los jardines y de las flores cultivadas en ellos. Unicamente pudo disputar a Gregorio de los Ríos esta prioridad Nicolás de Monardes, con su obra latina *De rosa et partitus ejus. De succi rosarum temperatura. De rosis persicio seu alexandrini...* (Amberes, 1551) [78], aun cuando el insigne farmacólogo sevillano estudie las rosas en este librillo en su valor puramente medicinal, no en el de su cultivo estético y jardinero. También Lorenzo Palmerino, en su *Vocabularios del humanista* (Valencia, 1569), trató de las flores, pero solamen-

---

[78] Cítalo D. MIGUEL COLMEIRO en su obra *La botánica y los botánicos de la península ibérica,* Madrid, 1858, núm. 478; pero no he logrado verla, pues no la posee nuestra Biblioteca Nacional.

te, como dice el título de su obra, con la enumeración simple y semántica de ellas. Es, pues, Gregorio de los Ríos el patriarca e iniciador en las prensas del mundo del arte de la jardinería. Después de él vendrán, en segundo lugar, el famoso Canciller Francisco Bacon, Barón de Verulamio, con uno de sus *Ensayos*, el XLVI, titulado *The Garden*, que ve la luz en 1625, y que presenta ciertas curiosas coincidencias, en algunos extremos, con la obra de nuestro autor español [79]. Síguele Jacques Boyleau, con su *Traité du jardinage* (París, 1638), tras del cual, pocos años después, vería la luz el de André Mollet: *Le jardin de plaisir contenant plusieurs dessins de jardinage* (Stockolme, 1651) [80]. Nadie, pues, puede disputar a nuestro buen clérigo el haber sido el primero en Europa que trató singular y especialmente de los jardines.

Para ello, Gregorio de los Ríos inicia su tratadillo con unas reglas, advertencias y consejos que endereza a todos aquellos que tengan que ver con el jardín; a sus dueños, primero, para que guarden siempre una gran afición a ellos, procuren aprender y no se dejen engañar tampoco de los jardineros de oficio, aconsejándoles que lo tengan propio

---

[79] BACON (FRANCIS), BARÓN DE VERULAM: *Essays or Counsels, civill and morall newly enlarged*. London, 1625 (4.º); páginas 395 a 404 de la edición moderna de *London, Collins Clear Type Press, s. a.*

[80] Vid. BRUNET: *Manuel du libraire...* VI, núms. 9.820 y 9.821. A ellos sigue, en los números 9.822 a 9.830, la relación de las obras que sobre jardinería se publicaron en el extranjero hasta 1802. No cita la de Gregorio de los Ríos, a pesar de ser la primera.

y no alquilado o de ocasión, pues éstos acostumbra-
ban a llevarse las buenas plantas, con grave perjuicio para aquél; al jardinero profesional, después,
a quien advierte cuáles deben ser sus principales
obligaciones, tan minuciosas y detallistas, que prueban su gran práctica y competencia. Por entonces
aparecen los trazadores de jardines—probablemen-
te, flamencos e italianos—que, como antes vimos,
habían compuesto los regios de Aranjuez y la Casa
del Campo, o los particulares de los grandes señores, como el de la Abadía del Duque de Alba, que
tan poéticamente describiría Lope de Vega, o el del
Marqués de Santa Cruz, en su palacio del Viso;
pero dicho esto, lo importante y capital para Ríos
es que el jardinero sepa del cultivo de las plantas
más que de trazas, pues «trazadores hay muchos,
pero que no por eso saben cuidar de un jardín».
Otro consejo, y muy gracioso, que da a los dueños
de ellos, es que cerrasen con llave sus jardines,
guardándolos de pajes y mujeres, «pues no hay langosta ni oruga más mala para el jardín que éstos».

Hechas estas prevenciones, con otras relativas a
su cuidado y obtención de semillas, entra de lleno
en su propósito principal, que es señalar el régi-
men o modo con que ha de cultivarse cada planta
para tenerlas hermosas y lucidas. Mas antes de hacerlo, adelanta otra observación léxica, muy importante y atinada a la vez, sobre sus nombres; no le
parece acertado a Ríos denominarlas con los cien-
tíficos que en lengua latina las ponían los herbolarios y botánicos de su tiempo, Gregorio de los Ríos

cree, y cree bien, que es preferible y más acertado emplear los nombres comunes y vulgares castellanos, conocidos y usados por todos; aunque no deje de notar sagazmente que estos nombres de las plantas y flores variaban mucho según las distintas regiones, y así, para una misma flor, los había diferentes en Madrid, Sevilla y Valencia.

Increíble parece que en aquellos tiempos, tan agitados y guerreros, se conocieran y cultivasen tan copioso número de plantas de jardín. Diríase que, detrás de su extraordinaria abundancia, perduraba una vieja tradición, no pasada a los libros ni recogida por los historiadores, de un cariño perseverante a las flores y plantas, cultivadas familiar y calladamente durante el curso de varios siglos. ¿Herencia árabe? ¿Afición propia castellana? No puedo discernirlo; pero el hecho cierto es que el número de ellas reunidas y estudiadas por nuestro autor es tan copioso y considerable, que sorprende realmente. Cuando podríamos presumir que su catálogo floreal tendría que estar limitado a unas pocas especies, harto conocidas, advertimos con asombro que son casi muchedumbre, rica y distinta, con nombres castizos y españoles, a buen seguro creados por el pueblo mismo con su poder genético y de rancio sabor. Ya cité antes algunos de los más lindos y sonoros, espigados del precioso inventario que de las flores españolas cultivadas entonces acertó a formar el buen capellán de la Casa del Campo, en su inapreciable librillo.

Acaso por ser sujeto y materia humilde éste de

las flores, lo desdeñen los novelistas de antaño, en cuyas obras, a la verdad, se encuentran pocas alusiones a ellas, fuera de las pastoriles; pero no hay poeta que no se sirva de sus colores y las maneje con amor, hasta el punto de que antología y florilegio serán voces sinónimas, con idéntico valor semántico.

Otro tanto podríamos decir de los nombres de los árboles y arbustos citados por Gregorio de los Ríos que podían plantarse en los jardines por dar flores hermosas, como el sicamor, el cinamomo, la gulutea, las murtas, mirtos y mosquetas, tan queridas de Lope y gala de su breve jardín, el setiso y el tillorí, por cima de las cuales Gregorio de los Ríos pondrá el jazmín, porque en su sentir es el mejor de todos para entapizar paredes y hacer espaldares en los jardines. Y a medida que nos enfrascamos en la lectura de este librillo, hemos de reconocer en el honrado clérigo y capellán de la Casa del Campo un amor apasionado por las flores, un conocimiento peregrino de ellas, su competencia singular y acabada para tratar y cultivar las plantas que las producían.

El método que emplea en su obra es parco y conciso, por demás: una descripción breve de cada flor, con sus características botánicas, para poderla singularizar y distinguirla de las demás; a continuación dice el cultivo propio que requiere; si dan simiente o no; y por último, si es de riego y la cantidad de agua que pide para su desarrollo. Su estilo no puede ser más llano; diríase que huye de todo lo que sea literatura, ahorrando las palabras, con el fin de hacer más útil y manejable su tratadillo.

Hay una circunstancia esencial, característica en las flores que Ríos no olvida con acierto, su olor o perfume. Porque, invariable y sistemáticamente, al ocuparse de cada una, nos dirá si lo tienen o no. Las flores, en efecto, pueden obrar a la vez sobre los dos sentidos más espirituales y evocadores que tiene el hombre, como son la vista y el olfato. Por eso serán tanto más hermosas y atractivas cuanto a un mismo tiempo recreen nuestros ojos y nos embriaguen con su perfume. También el buen clérigo distingue a unas flores de otras en esta condición suya, advertencia y distinción sutil que demuestra que era un verdadero antófilo y enamorado de ellas.

No deja de ser curioso asimismo que en medio de las llanuras castellanas, donde los fríos y hielos hacían imposible el cultivo del naranjo, Gregorio de los Ríos dedique la última parte de su tratadillo a este árbol, con reglas muy minuciosas, hijas también de su experiencia, adquirida ora en las regiones levantinas o andaluzas, ora en las tierras de la Vera de Plasencia. que tantos encomios poéticos arrancaría a las plumas de entonces. En esta parte extiéndese la suya, enseñando cómo hay que plantarlos, trasponerlos, injertarlos y regarlos para su logro.

Ciérrase esta *Agricultura de jardines* con un capítulo a la verdad, extraño e inesperado, cual es el de la crianza y cuidado del ruiseñor. Contra la opinión que modernamente podamos tener de la insensibilidad de los españoles de entonces, el hecho

cierto es que el canto de este pájaro causaba en sus
oídos un real e indefinible gozo. Muchos serán los
poetas que lo celebren, como también esta canora
avecilla hubo de servirnos en la primera parte de
este Prólogo para poner al descubierto un nuevo ma-
tiz de la sensibilidad de Felipe II: el extremado
placer que sus gorjeos le proporcionaban, y su nostalgia cuando no podía escucharlos. ¿Conoció Gregorio de los Ríos esta pasión del Rey por los ruiseñores, y al dedicarle, como lo hizo, su obrilla, creyó
oportuno incluir en ella este capítulo, en halago de
aquél, aunque fuese materia tan ajena y apartada
de su principal propósito? Fuera o no así, es cosa
averiguada, en que no puede haber duda, que, con
Don Felipe, otros muchos contemporáneos hubieron
de recrearse con su canto de un modo singular, y
que nuestro capellán se adelantó, al estudiar en su
librillo la crianza del ruiseñor, a aquel barbero de
los pajes de Su Majestad, Juan Bautista Xamarro,
que pocos años después sacaría a luz su no menos curioso *Conocimiento de las diez aves menores de jaula, su canto, enfermedad, cura y cría* (Madrid, 1603);
una de las cuales sería también el ruiseñor.

La fortuna tipográfica de la *Agricultura de jardines*, de Gregorio de los Ríos, no fué ciertamente
la que en justicia merecía. No obstante la frecuencia con que en aquel tiempo se repetían las ediciones de un mismo libro, el de nuestro Capellán de la
Casa de Campo no logró nada más que una, la príncipe, impresa en Madrid por Pedro Madrigal en 1592.
Verdad es que a partir de 1598, todas las ediciones

que se hacen de la *Agricultura general,* de Gabriel Alonso de Herrera, acostumbran a incluir, a la vez de otros tratados relacionados con el campo, el de Gregorio de los Ríos, y así, en efecto, y en la buena compañía del castizo y famoso escritor, se reimprime su librillo en 1598, 1599, 1604, 1605, 1620, 1645, 1646 y 1667 [81] aunque falto de sus preliminares y dedicatoria. Acaso esta inclusión tan repetida en la clásica obra de Alonso de Herrera hiciera innecesarias nuevas ediciones de la de Gregorio de los Ríos y explique esta penuria tipográfica de su tratadillo, que no volverá ya a reproducirse separadamente hasta esta nuestra. Tampoco parece que el tema de los jardines apasionara por extremo a las generaciones del siglo XVII. No estaban los tiempos para flores, o al menos no surge ningún entusiasta de ellas que se anime a estudiarlas, siguiendo las huellas de Gregorio de los Ríos. Hay que esperar al XVIII, en cuyos comienzos un Cosme Martín de Fuentidueña, jardinero y arborista que era del Palacio del Buen Retiro, dentro de un breve *Compendio de Agricultura,* insertó un *Tratado segundo de agricultura de jardín* [82], en el que las flores se enumeran por orden alfabético; pero tampoco esta materia hubo de inspirar gran interés a sus contemporáneos, ya que Fuentidueña no encontró un editor, y su *Tratado segundo...* quedó inédito y manuscrito, yendo a parar a

---

[81] Véanse sus descripciones bibliográficas en PALAU: *Manual del librero hispano-americano...,* tomo IV, pág. 2.930.

[82] COLMERO: *La botánica y los botánicos...,* op. cit., número 521.

nuestra Biblioteca Nacional, donde hoy se conserva [63].

El estudio de la botánica, que desde mediados del siglo XVIII, y a imitación del extranjero, tanto arraiga en España, abrirá un vasto campo con la obra clásica de José Quer, *Flora española o historia de las plantas que se crían en España* (Madrid, 1762-1784), seguida por otras muchas; pero en todas ellas es el aspecto científico, no el jardinero, el que atrae a sus autores. Los llamados *Jardines botánicos,* que tanto se prodigan por entonces, tienen por fin principal el traer y cultivar plantas arbóreas raras y exóticas, como el nuestro tan hermoso de Madrid. La obrilla de Gregorio de los Ríos vino, pues, a quedar como única y solitaria en la materia de los jardines, a menos en España, hasta casi la segunda mitad del siglo XIX. Desde entonces, el cuidado de los jardines y de las flores conviértese en una arte bella más, con una copiosa bibliografía nacional y extranjera, cuya enumeración sálese por entero de este estudio mío.

Pero de él también habrá podido sacar el curioso lector una inesperada conclusión, a saber: que el amor de las flores no ha sido, como pudiera creerse, una conquista de nuestra sensibilidad moderna; que también lo sentían los espíritus refinados y cultos del Siglo de oro, y que no sólo se deleitan y empapan entonces en sus colores, visos y matices, sino que, además, en su innata propensión a lo gra-

[63] BIBLIOTECA NACIONAL: *Sala de manuscritos,* núm. 2.930.

ve y filosófico, conviértenlas en símbolo y paradigma de la vida humana, asociando su efímera existencia a la idea de la Muerte, como Calderón en su famoso soneto:

Estas que fueron pompa y alegría...

y antes, o parejo con él, aquel otro del gran cantor de las flores, D. Pedro de Castro y Añaya, cuando termina uno suyo bellísimo diciendo:

¡Oh flor! El primer paso de tu vida
Fué el último también que pudo serte
Antes escarmentada que nacida.
¡Oh documento de la humana suerte!
¡Oh verdad de los campos escondida!
¿Quién no se desengaña con tu muerte? [84].

AGUSTÍN G. DE AMEZÚA,
de la Real Academia Española.

---

[84] DON PEDRO DE CASTRO Y AÑAYA: *Auroras de Diana.* Murcia, 1632 (pág. 232 del tomo II de la edición de Madrid, 1805)

AGRICVLTVRA

DE IARDINES, QVE

trata dela manera que se hã de criar,
gouernar, y conseruar las plantas.

Compuesta por Gregorio de los Rios.

Dirigida al Rey don Felipe N.S.

[*Escudo de armas reales*]

Con priuilegio.

En Madrid, por P. Madrigal:

Año M. D. X C I I.

AGRICVLTVRA

DE IARDINES, QVE
trata dela manera que se há de criar,
gouernar, y conseruar las plantas.

Compuesta por Gregorio de los Rios.

Dirigida al Rey don Felipe N. S.

Con priuilegio.

En Madrid, por P. Madrigal:

Año M. D. X C I I.

TASA

Yo, Gonzalo de la Vega, escribano de cámara del Rey nuestro señor, doy fe que por los señores de su Consejo, fué tasado en real y medio en papel cada cuerpo del libro intitulado AGRICULTURA DE JARDINES, que por ellos se dió licencia para le poder imprimir a Gregorio de los Ríos, criado de Su Majestad. Y mandaron que al dicho precio, y no más, se venda; y que esta fe de tasa se ponga al principio de cada cuerpo del dicho libro, para que se sepa el precio dél. Y porque de ello conste, de pedimiento de la parte de dicho Gregorio de los Ríos, y mandamiento de los dichos señores del Consejo, di la presente, que es fecha en Madrid a primero día del mes de septiembre de 1592 años.

Gonzalo de la Vega.

ERRATAS

Hoja 14, pla. 1. lin. antepen. ojas: di hojas, y está siempre.
Hoja 50. pla. 2. lin. pen. estiercol. Se: di estiercol, se.
Hoja 57. pla. 2. lin. 10. Esto: di Este.
Hoja 102. pla. 1. lin. pen. atochandola, di acodandola.

JUAN VÁZQUEZ DEL MÁRMOL.

EL REY

Por cuanto, por parte de vos, Gregorio de los Ríos, nuestro criado, nos fué hecha relación que vos habíais compuesto un libro intitulado AGRICULTURA DE JARDINES, en el cual habíais gastado mucho tiempo, y os había costado mucho cuidado, suplicándoos os mandásemos dar licencia y facultad para lo poder imprimir, y privilegio para lo poder vender por el tiempo que fuésemos servido, o que sobre ello proveyésemos como la nuestra merced fuese. Lo cual, visto por los del nuestro Consejo, y como por su mandado se hicieron en el dicho libro las diligencias que la Premática por Nos nuevamente hecha sobre la impresión de los libros dispone, fué acordado que debíamos mandar dar esta nuestra Cédula para vos en la dicha razón, y Nos tuvímoslo por bien; por la cual, por vos hacer bien y merced, vos damos licencia y facultad para que por tiempo de diez años primeros siguientes, que corran y se cuenten desde el día de la data de esta nuestra Cédula, podáis imprimir y vender el dicho libro que de suso se hace mención por el original, que en el nuestro Consejo se vió que va rubricado y firmado al fin dél de Gonzalo de la Vega, nuestro Escribano de Cámara, de los que en el nuestro Consejo residen, con que antes que se venda lo traigáis ante ellos juntamente con el original, para que se vea si la dicha impresión está conforme a él, o traigáis fe en pública forma, cómo por el Corrector, nombrado por nuestro mandado, se vió y corrigió la dicha impresión por el original; y mandamos al impresor, que así imprimiere el dicho libro, no imprima el principio y primer pliego dél, ni entregue más de un solo libro con el original al autor y persona a cuya costa se imprimiere, ni a otra alguna, para efecto de la dicha corrección y tasa, hasta que antes y primero el dicho libro esté corregido y tasado por los del nuestro Consejo. Y estando hecho, y no de otra manera, pueda imprimir el dicho principio y primer pliego, en el cual seguidamente se

ponga esta nuestra Cédula y Privilegio, y la Aprobación, Tasa y Erratas, so pena de caer e incurrir
en las penas contenidas en la dicha Premática y
leyes de nuestros reinos. Y mandamos que durante
el dicho tiempo persona alguna, sin vuestra licencia, no lo pueda imprimir ni vender, so pena que
el que lo imprimiere o vendiere haya perdido y pierda todos y cualesquier libros, moldes y aparejos
que dél tuviere, y más incurra en pena de cincuenta mil maravedís por cada vez que lo contrario hiciere. La cual dicha pena sea la tercia parte para el
denunciador, y la otra tercia para el juez que lo
sentenciare. Y mandamos a los del nuestro Consejo, Presidente y Oidores de las nuestras Audien-
cias, Alcaldes, Alguaciles de nuestra Casa, Corte y
Chancillerías, y a todos los Corregidores, Asisten-
tes, Gobernadores, Alcaldes mayores y ordinarios,
y otros jueces y justicias cualesquier de todas las
ciudades, villas y lugares de los nuestros reinos y
señoríos, así a los que ahora son, como a los que
serán de aquí adelante, que vos guarden y cumplan
esta nuestra Cédula y merced, que así vos hace-
mos, y contra el tenor y forma de ella ni de lo en

ella contenido no vayan, ni pasen, ni consientan ir ni pasar en manera alguna, so pena de la nuestra merced, y de diez mil maravedís para la nuestra Cámara.—Dada en Madrid a dieciséis días del mes de enero de mil y quinientos y noventa y dos años.

Yo el Rey.

Por mandado del Rey nuestro señor,

Juan Vázquez.

APROBACION

Por mandado de V. Alteza he visto este libro intitulado AGRICULTURA DE JARDINES, compuesto por Gregorio de los Ríos. Y habiéndole comunicado con persona práctica e inteligente de esta materia, así por no tener cosa que ofenda, como por ser de provechosa curiosidad, se puede dar al autor la licencia y privilegio que suplica. En Madrid, a dos de enero de mil y quinientos y noventa y dos años.

Tomás Graçián Dantisco.

SONETO

Si un ramillete de diversas flores
tanto se estima por su vista hermosa,
y por la mezcla suave y amorosa
de celestes finísimos olores;

Si alegra el variar de sus colores
en muestra natural o artificiosa,
y causa por su obra milagrosa,
dar al que lo crió justos loores;

Así se estima, ¡oh Ríos!, la abundancia
con que crecéis tan dulce agricultura;
después del autor, Dios, que os dió el talento;

Las flores cobrarán mayor fragancia,
y con nuevo color, nueva hermosura,
levantando a loar el pensamiento.

OCTAVAS EN LOOR DEL AUTOR

Así como de ríos caudalosos
procede la sustancia de las plantas,
que con cursos amenos y abundosos
vemos vivificar tales y tantas;
así, con tus preceptos provechosos,
no menos que las aguas las levantas,
Ríos, y las que apenas se conocen,
haces que se conozcan y se gocen.

Esté en obligación Naturaleza,
pues con tu ciencia ayudas a su intento,
haciendo que de flores la belleza
tenga de hoy más por ella nuevo aumento.
Con que alcanzas la pena y la tristeza
de la imaginación y pensamiento,
siendo cierto que quitan mil dolores
del alma los jardines con sus flores.

¿Y qué de Filomena decir quiero?
Llamado ruiseñor más comúnmente,
que al más rústico, tosco y más grosero
hace de su piquillo estar pendiente;
cuando alegre, gozoso y placentero,
suelta de dulce música el corriente,
cuya conservación, regalo y cría,
en tu insigne tratado bien se guía.

Celebremos, buen Ríos, tu artificio,
pues dél se han de seguir provechos tales,
virtud de ocupación, contraria al vicio,
y el provocar tras esto a los mortales,
a que (considerando el beneficio
venido de influencias celestiales)
alaben con debido hacimiento,
dé gracias al Señor del firmamento.

DEDICACION

A falta de consideración (por ventura) atribuirá
el que me viere ofrecer a tan grande Majestad don
de tan poco momento; pro si supiese la voluntad
que me mueve, tan deseosa de emplear mis fuerzas
corporales y del entendimiento en servicio de V.·M.
ya podría ser me disculpase en alguna manera. En
la más humilde que puedo, suplico a V. M. se sirva
de no despreciar mi blanquilla, pues no fuera (a
mi parecer) cosa justa, que siendo yo criado de su
Real Casa, saliera de ella la dedicación deste mi trabajo, aunque tan pequeño.

B. a V. M. C. las manos su humilde criado,

Gregorio de los Ríos.

Por ser tan agradable y provechoso el exercicio y entretenimiento de los jardines, he querido hacer este tratado de ellos; el cual, no solamente creo será luz y provecho para los jardineros, pero también para los dueños de los jardines en todos estados de gentes, así caballeros como príncipes, reyes o emperadores; y para religiosos es honesto y loable, cuando, después de cumplir con sus obligaciones, ocupan la vista en aquella hermosura y variedad de flores y verduras; con lo cual y con la suavidad de sus olores levantan el espíritu en gloria y alabanza de su Criador, que tan agradables cosas crió para el servicio y regalo de los hombres, conforme a aquel proverbio que dice: *Todo fué criado para el hombre, y el hombre para Dios.* Y así, nadie se debe despreciar de entender y saber esto. Porque no hallo otro regalo mejor, y sin ofensa de Dios y del próximo, como es éste, que aparta de murmuraciones, juegos y otros vicios, que destruyen a los hombres. Y sé esto porque en mi niñez ha sido y es ahora este exercicio mucha parte para desviarme de dañosas ocasiones; porque luego, como venía del estudio, me entraba a un jardín, y allí cultivaba las plantas, y hacía diversas pruebas, hasta que sabía lo que convenía a cada planta. Y si se dixere que a un clérigo, como yo, o religioso o príncipe, rey o emperador, no es permitido este exercicio, se responde que, por ser tan bueno, lo usaron personas tan graves, cuyos ejemplos tenemos en todos los estados, y sólo diré los más principales. Porque entre los Emperadores se cuenta de Othón, que se retiró del gobierno de su Imperio y se ocupaba en inxerir árboles, y quiso saber cultivarlos y gobernar las plantas. Y el Emperador Diocleciano fué asimismo tan aficionado a jardines, que dejó el Imperio y se retiró a un jardín a cultivar plantas; de lo cual gustaba tanto, que por ello dexó el gobierno de su monarquía. Y en esto se conoce más la excelencia de este tan virtuoso exercicio; pues aun con ser estos dos Emperadores gentiles y sin lumbre de fe cristiana, fué parte para los apartar de otros deleites viciosos, ocupados en la contemplación del Criador de aquéllos.

Y de santos, muchos ejemplos ha habido, como de San Jerónimo, que después de haber cumplido con lo tocante a su ministerio, se iba a un jardín a cultivar plantas, y allí alababa a Dios y le daba gracias por las mercedes que en todo le hacía, contemplando que crió tan hermosas plantas y tan olorosas flores para regalo de los hombres. Pues de aquí se saca que, si tan grandes y graves personajes lo han exercitado, y los santos en sus tiempos lo aprobaron y usaron, digna cosa es que cualquier género de gente estime ocuparse en este loable ejercicio, constando de lo dicho ser muy útil y prove-

choso, así para los cuerpos como para las almas;
porque, como arriba se dice, aparta los hombres de
todos los vicios. Y así, por estas razones y otras
muchas, he querido tomar este trabajo, para que
todos se aprovechen dél y se sepan y entiendan todas las maneras de plantas comunes que se ponen
en los jardines, no metiéndome en las medicinales,
sino en aquellas que tienen buena flor y vista; porque en los jardines, por ser pequeños, no se requieren plantas medicinales, porque no los ahoguen,
sino las de flores agradables a la vista. Y cuando
se quisieren tener medicinales, se ha de hacer un
rejardín para tenerlas; y así, no trataré de ellas,
sino de las que comúnmente requieren los jardines; y no de las propiedades de ellas, porque esto
se queda y toca a los herbolarios. Y teniéndose
consideración a que los que han escrito de agricultura, y naturaleza y propiedad de los árboles y
hierbas, jamás han tocado este particular de la población de los jardines, ni de la conservación de
las plantas y verduras que en ellos se ponen, podré
decir con razón ser yo el primero que escribe esta
materia; y por esta razón, muy excusado, y discul-
pado en lo que aquí faltare. Debiéndoseme dar cré-
dito en lo que por experiencia he descubierto, pues
atento que no hay quien haya tratado esta materia
conforme a las circunstancias de esta constelación,
no se puede probar con autoridades de otros. Lo
cual ha sido causa de haber tomado mucho trabajo en esto, averiguándolo todo por experiencias,
con mucho cuidado y diligencia. Y todo lo doy por

bien empleado, pues de estos jardines y florestas, demás del regalo de los hombres, ha de resultar lo más principal, que es el dar continuamente gracias a Dios nuestro Señor, que con su divina providencia las crió.

LO QUE HA DE HACER EL DUEÑO DEL JARDÍN

Quien quisiere tener jardín, ha de ser muy aficionado a él; y no solamente aficionado, pero ha de procurar saber y entender todas las cosas que son necesarias en él, porque si no las entiende, podránle engañar a cada paso los jardineros; para lo cual ha de leer muchas veces este libro: lo uno, para que aprenda; y lo otro, para no ser engañado, porque le dirán los jardineros y los que entran a ver el jardín muchas trazas, y a todos ha de oír, y mirando lo que aquí se advierte, entenderá lo que más convenga, que, al fin, es lo más cierto; porque sepa que el jardín es como el pobre que estaba a la puerta de la iglesia con dolor de muelas, y cada uno que entraba le daba su remedio; y así le darán todos los que entraren a verlo remedios para que corte y plante; y lo más seguro es hacer orejas de mercader, perseverando mucho en la obra que comenzare, conforme a lo aquí contenido; porque hay muchos que comienzan a hacer jardines y gastar en ellos, y luego se cansan y se pierden, como los dejan de la mano. Y para ir bien, han de procurar tener jardinero propio, porque, demás del buen gobierno del jardín, se evitará un daño no-

table que los jardineros alquilados suelen hacer:
que es echar ojo a las buenas plantas y más seguras, y se las llevan para quien se las pague, y cuando el dueño las echa de menos, le hace pago con decir que no prendieron y que las echó a mal. Y así, conviene que le tenga propio y muy cuidadoso; porque así como los niños, en dexándolos de limpiar, crían sarna y queresas, de la misma manera los jardines, si no los limpian cada día, crían hierbas malas que ahogan a las buenas. Y si dixere el jardinero que no hay que hacer en él, hásele de mandar que dé una vuelta por él a la mañana, y otra a la tarde, y esto es en invierno, cuando los grandes hielos, porque en los demás tiempos, siempre hay que hacer en ellos. En verano, cuando los grandes calores, se puede andar en ellos desde las tres de la mañana hasta las nueve del día, y desde las cuatro de la tarde hasta después de noche, que éste es su propio tiempo de andar en ellos. Y si acaso al jardinero no le tuviese en casa, por ser el jardín pequeño, cuando le viniere a aderezar o a regar, ándele mirando a las manos, porque los ojos se les van tras la buena planta y procuran llevarla, como arriba se advierte; y más es la pesadumbre que se recibe, que lo que ella vale, aunque también hay algunas de precio; y para evitar todo esto se podría tener un jardinero entre dos dueños de jardines pequeños, porque, estando a su cargo, procurará tenerlos siempre lucidos y de buen ser.

También advierto que es propio y aun necesario de jardineros darse unos a otros plantas; pero cuando los jardineros son propios, todo aquello es en beneficio y provecho del jardín; mas el que es jornalero procura robarle. Y aun demás de lo dicho, lo suele echar a perder sin saber lo que hace; porque, como no conoce el jardín ni lo ha plantado de su mano, algunas veces suele cortar y arrancar cosas que no conoce, y otras, que están debaxo de tierra, que no las ha visto; porque como los jardines se aderezan en invierno, están muchas plantas debaxo de tierra, y el que no las plantó, cava y échalas a mal. Y no ha de ser así, sino como el que poda la viña que es suya, que procura, cuando la poda, dar una o dos vueltas a la cepa, para ver los sarmientos que ha de cortar, y los que ha de dexar. Y mucho más cuidado se ha de tener en las plantas, que al fin son más delicadas; y en tal caso, el dueño del jardín asiste con el jardinero, diciéndole y mostrándole en qué partes están las plantas debajo de tierra, porque no se diga por él: *Donde no está su dueño, allí está su duelo.*

También importa mucho conformarse con el jardinero en todo lo que se hubiere de hacer y trazar y cortar, porque de otra manera perderían mucho las plantas; pues el jardinero sabe lo que es mejor, y a él se ha de echar la culpa cuando en algo faltase, y esto le hará considerarlo bien y procurar acertar en todo. A los cuales conviene tenerlos siempre contentos y proveídos de lo que toca al jardín y para sus personas; porque, si no se lo dan, son como los tudescos, que acuden adonde mejor los tratan, y esto sería en grandísimo daño del jardín. Tam-

bién se ha de procurar que el jardinero sepa más
de gobierno y de plantas que de trazas; porque trazadores hay muchos, y sabiendo trazar, dicen que
son jardineros; pues poco importa que sepan hacer
lazos, si no saben gobernarlos y las demás plantas;
que más importa el gobernar que el trazar; y yo
he visto muchos grandes trazadores que, por no saber gobernar las plantas, se les pierden.

LO QUE EL JARDINERO DEBE HACER

El jardinero ha de tener grandísima cuenta con
su jardín; y no le bastará tener mucha suficiencia
si juntamente no tiene afición, porque sin ella no
podra hacer tanta asistencia, como forzosamente se
requiere, según que en el capítulo antes de éste
queda advertido. Préciese de su oficio, y procure
que nadie le haga ventaja, y de esta manera sabrá
mucho y acertará en todo. Para lo cual, se debe
aprovechar de juntarse con quien tenga más experiencia que él y hacer la prueba en dos o tres plantas, de quitarles el agua o dársela; y entonces verá
lo que requiere la planta. No sea inclinado a ester-
colar, que por ser las plantas muy delicadas, no lo
requieren. Sea muy herbolario en saber conocer
las hierbas, verduras y plantas que se ponen en los
jardines, que las plantas serán hasta doscientas, no
metiéndose en saber muchas de las medicinales,
que aquéllas se quedan para los boticarios. Bien
es que sepa gobernar cualquier planta que le die-

ren; mas no de manera que se distraiga y desamore las que tocan a los jardines. Guarde semillas para sembrar. Mire muchas veces las plantas, porque, si tienen color amarillo, es señal de tener mucha agua. La planta siempre ha de estar con deseo de agua, porque aquella falta tiene fácil remedio. Sepa hacer buenos ramilletes. Que esté el jardín muy limpio, así de hierbas blancas como de bascosidades. Procure traer hierbas de todas partes para su jardín, y si supiere de alguna buena planta, procúrela. No se descuide en el verano, cuando los grandes calores, de regar el jardín, procurando que no tenga demasiada agua, y que no le falte. Aderece la fuente o noria por la primavera, porque no se le quiebre la soga o caños en el verano; porque si le falta el agua cuando los grandes calores y el jardín tiene estiércol, abrasaránse las plantas. Y así, conviene que siempre vele y no se descuide en esto, ni en otra cosa alguna de las que aquí se advierten.

LO QUE REQUIERE EL JARDÍN

Cuanto a lo primero, el jardín ha de ser bien cuadrado, para que los cuadros salgan iguales y las calles derechas. El sitio, sea donde haya buena tierra y buena agua, y no sea salobre, que si el agua es mala, no tendrán jardín. Las calles, estén con arena y no empedradas, porque se crían entre las piedras muchas hierbas y es menester cada credo andar desempedrando para quitarlas; y para pasar plantas por las calles, como son jazmines o parras si las quieren echar por debaxo de cabeza y atravesarlas es menester desempedrar; lo cual es un estorbo malísimo; y aun demás de esto, las calles empedradas no parecen tan bien como con arena.

Las paredes del jardín estén media vara fuera de tierra de calicanto, porque si son de tierra y las arriatas se riegan, vánse desmoronando y cáense muy presto; y si son de calicanto, cuanto más se riegan, más fuertes están. En el jardín no planten árboles de fruta, porque ya no sería jardín, sino huerto o granja, y los jardines no requieren sino árboles de flores que tengan olor y vista; y aun de los de fruta, se pueden plantar naranjos, granados, manzanos enanos y membrillos, porque los demás es cosa grosera, y aun dañosos, porque destruyen las plantas con la sombra y les llevan toda la virtud de la tierra, y por estas causas se suelen perder muchas plantas. Cuando se plantaren árboles de flores, hánse de levantar arriba, podándolos por bajo, porque desocupen el jardín y no hagan sombra; y si es chico, no hagan lazos, porque quieren anchura y poca agua, y las plantas, mucha; y el chico es bien que se ocupe de flores; y si fuere nuevo, no requiere estiércol hasta los cuatro años, porque la tierra tiene fuerza demasiada, y dándole más calor, piérdense muchas plantas; y cuando se les echare estiércol, sea de tierra muy podrida. Y cuando el jardín fuere de seis u ocho años, se le puede echar un poco de estiércol.

Riéguese por la tarde o por la mañana, de manera que las plantas no reciban daño, y no se han de regar por encima, sino por el pie, porque regándose por arriba, se secan las hojas y se dañan, y aun entonces el sol les hace perjuicio. En las paredes se planten jazmines, no yedra, ni rosales, ni parras; porque esto, tal como arriba se dice, es más propio para granjas. Y cuando se tratare de ello, se dirá lo que convenga. No se hagan encañados ni espalderas hasta que se puedan cubrir de los ramos de los jazmines o de otras plantas convenientes, porque parecen mal y se pudren primero que la planta pueda cubrirlos, y así, es mejor tenerla criada, para que luego haga su labor. Aderécese el jardín a mediados de octubre o al fin de él, según el tiempo que hiciere, o por marzo poco más o menos. Las plantas secas se limpien por septiembre. Y esté siempre con llave el jardín, guardado de pajes y de mujeres; porque no hay langosta ni oruga más mala para el jardín que son éstos. A la puerta del jardín se ponga este rótulo: *Para ver, y no cortar, se da licencia.*

PARA SEMBRAR SEMILLAS Y SABER OTRAS DIFICULTADES MUY IMPORTANTES

Las semillas se siembran en creciente de marzo. Algunas de ellas es bueno sembrarlas en tiestos, y después trasponerlas en los cuadros, cuando estén para ello, que si las siembran en las eras o cuadros la babosilla las roza, que, como están tiernas, no las deja salir. Siémbrense adonde, en saliendo el sol, las dé; porque el sol de la mañana les hace mucho provecho, que como quedan de la noche resfriadas y ateridas han menester calor. Riéguense con agua que no esté muy fría, porque, como están chiquitas y tiernas, las penetra y no medran. Riéguense con sol, que crecerán mucho, y toda planta chiquita requiere esto; lo cual es al contrario cuando las plantas son grandes, como se dice arriba en lo que requiere el jardín. También se siembran en principio de septiembre, y estas tales vienen a llevar flor al otro septiembre parte de ellas y algunas la primavera, según que es cada una. Otras hay que llevan flor por mayo, y si las siembran por marzo llevan al septiembre, que son la escobilla y espuela caballera y otras muchas; y éstas, cuando llevan por mayo, están sembradas por septiembre. Quiero decir que luego, como cae la semilla, nace, y así pasan todo el invierno; y nacidas de esta manera echan la primavera y de la otra al septiembre. Yo hallo que en tierras frías es mejor sembrar en abril, porque con la calor a dos días luego salen, y aun son mejores que las de marzo, que estas tales están empedernidas y encogidas con el frío, que nunca acaban de salir. También se pueden sembrar hasta fin de mayo. Y las que forzosamente se quieren sembrar en marzo y en abril son las siguientes: albahaca, ajedrea, habas de las

Indias, balsamina, bredos, campanillas azules, car-
díaca menor, cidronela, claveles de las Indias, co-
loquíntidas, estramónica, gigantas, zerafolium, mexicanas, papagayos, pomates, penachos pimientos,
besicos de monja y todas las demás que se acaban
por la otoñada. Estas quieren críarse con mucha
agua y estiércol. Y toda planta que se siembra en
estos dos meses y acaba como está dicho requiere
criarla de presto, para que lleve flor. Cuando hiciere tiempo húmedo, se transpongan; y si hubiere
soles, tápenlas con unas tejas o hojas y riéguense
cada tarde, y estén tapadas mientras el sol dura-
re, y a la tarde las descubran; esto se haga cuatro
o seis días, hasta que hayan casi prendido.

Cuanto al regar, no hay medida de cuántas veces
haya de ser, respeto de lo que llueve: y así, muchas
veces no es menester regarlas. Y para esto se ha de
cavar un poco la tierra, y si mostrare humedad,
aunque esté seca por encima, no se riegue, porque se aguazarán las plantas; antes se ha de ir con
letura de darles el agua con deseo. Adviértase si
el jardín está baxo, o si tiene árboles o casas que
le quiten el sol, y qué horas tiene de sol, y mídase
el agua conforme a la sombra que tuviere. Mírese
mucho qué color tienen las plantas, que si están
amarillas, se van perdiendo, y es señal de mucha
agua: en tal caso, es el remedio quitársela para que
vuelvan en su ser: y desde mediado agosto se la
vayan quitando poco a poco; lo uno, porque granen las que han de granar; y lo otro, para que
se recojan las demás y se reparen, y no entren

aguazadas en el invierno: porque si lo entran, to
das se hielan. Y aunque es verdad que hay muy pocas plantas que se hielen, pero, las que se hielan,
les sucede de entrar tiernas y sin fuerza, por el
mucho vicio que han tenido con el agua en verano; y si están enjutas, tienen fuerza para pasar
el invierno.

En lo que toca al motilar los lazos y otras plantas, se dice que en junio, julio y agosto no se requieren cortar: porque, como hace tan grandes calores,
por la cortadura se dañan, y aun se suelen secar.
Lo que han de hacer, es motilarlos al fin de mayo;
y lo que después creciere, no importa que pase con
ello, que es capa para defenderse de los grandes calores; y si alguno tuviere en estos tres meses necesidad de motilarse, porque da en semilla, motílese
muy alto, y no quede perfeccionado; y si quedare,
cúbranle cinco o seis días con un toldo: y en tal
caso se ha de motilar por la tarde, porque reciba el
fresco de la noche, y no por la mañana, que acude
luego el sol y le daña, como está dicho.

De la misma manera se requieren guardar del frío
desde principio de noviembre, que es necesario que
queden con capa para poder sufrir los hielos hasta
marzo. Los tiestos que estuvieren en el jardín, procuren que sean de la boca ancha, para que se puedan aprovechar las plantas que estuvieren en ellos,
porque, si son chicas, y quieren sacar un clavel o
una mejorana, para tornarla a hundir, no se puede
sacar con su tierra, por ser la boca tan chica, y es

muy gran falta. Y cuando la planta estuviere un poco caída hacia el sol, porque la trae hacia sí, hase de volver el tiesto a la contra, que el sol la irá enderezando; y si de alguna parte estuviere falto y no tan acopado, se ha de volver al sol la parte donde tuviere la falta, para que crezca mejor. En junio, julio y agosto no se mulla la tierra ni los tiestos, porque el calor es muy grande y suele dañar las plantas; y, por el contrario, en diciembre, enero y febrero, porque los fríos las maltratan, tampoco se ha de mullir la tierra.

Cuando se cortaren flores sea por la mañana, que entonces tienen olor, y el día que hace nublado o llueve no tienen casi olor, por causa del frío: y como fueren cortando flores, váyanlas entresacando de manera que se disimule mejor la falta de ellas. Las plantas reciben mucha fuerza y se conservan mejor cortándoles las flores; porque si no se las cortasen, arrojarían con tanta pujanza, que no les quedaría vigor ni virtud para otro año, o darían en grana y se perderían. Cuando están puestas en barros o vidros, ora sean flores de por sí, o ramilletes, no les muden el agua, porque se perderán más presto. Rechinchen los vasos de manera que no se salga gota de agua, que si se sale, tanto es como si la mudasen; porque aquella agua ha recibido virtud de las flores, y así, las sustenta mejor; y si se la echan fresca, no tiene aquella virtud. Y así se verá por experiencia que la albahaca se cría en una redoma de agua, y se hace un pie muy grande sólo con agua. Y cuando rehinchen la redoma, tengan cuenta no rebose por cima, porque luego se pierde. Y así, de aquí se infiere que es bueno no mudar el agua. Bien es verdad que si, no la mudan, huele mal; mas si está queda, no se echa de ver. No corten las mujeres flores, si estuvieren con su costumbre, porque lo abrasan todo, aunque muchas hay que no, que esto va en la complexión de cada una. De todas maneras, he hecho experiencia, unas que no las dañan, y otras que del todo dejan la planta abrasada.

Muchas diferencias hay en nombrar las plantas, y caúsalo la diversidad de naciones, que cada una de por sí tiene su nombre: y mucho más los españoles, que en Sevilla las llaman de una manera, en Madrid de otra, en Castilla la Vieja diferentemente y en Valencia diferencian también. Y por esta causa las nombraré por los nombres comunes, que todos los jardineros saben, y ellos como modernos les han puesto; porque, si las nombrase como las pone Matiolo y los demás herbarios, dirán que no las conocen, ni tales plantas han visto, que ellos no saben latín para poderlas conocer por la orden de los herbarios; y por estas causas las pongo y nombro por esta orden, para que todos lo entiendan y se aprovechen de ellas.

ORDEN DE CRIAR Y CONSERVAR PLANTAS DE YERBAS Y FLO-
RES, ACOMODADAS PARA ADORNAR Y HERMOSEAR JARDINES

A

ALBAHACA. Hay siete maneras: la común, li-
moncela, la que huele a hinojo, la gruesa, que llaman la romana, la blanca, y la morena, que lleva
la flor morada y la más menuda de todas. Estas y las
demás plantas se hallarán donde se trata del sembrar, en el tiempo que quieren sembrarse. Traspó-
nese cada pie de por sí, poniendo en cada tiesto
uno, o tres en triángulo, y cuatro en cruz, y uno
en medio que hacen cinco. Quiere regarse al mediodía con el gran calor y sol porque se críe de
presto; lo cual no requieren las demás plantas,
como se dice arriba, sacando las que son chicas,
que éstas (como también queda dicho) quiérense
criar con calor. Riéguense con agua de carne, o corriente, o llovedizas, y algunas veces es bien echar-
le algún poco de gallinaza deshecha, que con esto
crecen mucho; trasquílenla por cima, porque no
grane, y también porque acope: y cuando estuvieren criadas, apártenlas del sol, porque no granen y
duren más. Y las que quisieren dexar para simiente
no las despunten ni trasquilen, ni las quiten del
sol, que es quitarles la simiente; y en viniendo el
mes de agosto, váyanles quitando el agua poco a
poco, para que se recojan y espiguen más presto.
La tierra ha de ser puro estiércol, y regarlas muy
a menudo; su hoja huele; perecen por la otoñada.

ALELIES. Hay siete colores; son tan delicados, que en tierras frías se hielan presto. Para saberlos gobernar, se ha de advertir, que, si están sembrados por marzo o febrero, se trasponen por mayo; y si están sembrados por septiembre, se trasponen por marzo o abril: y a los unos ni a los otros no se les ha de dexar llevar flor aquel verano, porque vengan a la primavera con más fuerza, y tengan más rama para poder guardarse del hielo. Es bueno trasponerlos por estos tiempos, porque pase el verano por ellos; porque, si los trasponen en septiembre, viene luego el frío y los hiela, lo uno, porque no están bien arraigados en la tierra, y lo otro, porque no tienen tiempo para criar rama para cubrirse. Y así, de estos tales muy pocos suelen quedar, y cuando quedan, son en los jardines nuevos, porque la tierra tiene más calor y está más holgada: y esto es mucha parte para sustentarlos que puedan pasar el invierno; y también, cuando están criados de sequera, que están enxutos, suelen pasar el invierno. Y a lo último lo más seguro es trasponerlos en la primavera, como está dicho. Su flor no dura más de un año: y aunque es verdad que llevan dos, pero la flor del segundo año no vale nada, y se secan teniéndola, y es porque ya no tienen fuerza para poder sustentarla; y por esta causa será necesario trasponerlos y sembrarlos cada año. Y porque parezca imposible hacerse así, se han de trasponer por mayo, abril o marzo, pues los otros están entonces grandes y con su flor, y que no habrá lugar hasta que se arranquen para poderlos trasponer. Lo que se ha de hacer es que entre los grandes se traspongan los chicos, y por San Juan arrancar los grandes y quedarán los chicos desocupados, para poder medrar de allí adelante: y esto se hace porque por San Juan hace mucho sol, y si entonces se traspusiesen, no prenderían, y de esta manera prenden muchos, que, aunque están chicos, basta que estén presos, que tiempo les queda para poder medrar de allí a la primavera.

Su flor dura desde marzo hasta San Juan, trasquilando aquellas vainillas en que llevan la simiente, que, lo que han de llevar de semilla, torna a cargar de flor. Guarden cuatro o seis de los mexores, cada uno de su color, para simiente; y éstos no los trasquilen, porque granen mejor, que en estos habrá demasiados para dar y sembrar. En el agosto y septiembre les den poca agua, porque no entren tiernos en el invierno, que se helarán. Los alelíes silvestres tienen su flor morada; nacen en las laderas del campo. Duran mucho; son muy desmedrados; y la flor muy ruin; si la cortan de día, no huele, y si de noche, huele muy bien, y ha de ser desde las diez de la noche adelante. Todos los de colores y éstos suelen criar unas orugas en las hojas; quítenselas, porque no perezcan. Si quieren que parezcan muy bien, cojan la semilla de cada color de por sí, y siémbrenla cada una dividida con su rótulo, que diga la color que es; y cuando los traspongan, vayan poniendo las colores por su orden, de manera que esté una color tras otra; y desta manera vienen a parecer en el jardín muy bien, que, como las colores están entretejidas, parecen librea de juego de cañas. Los amarillos duran tres y cuatro años, y de éstos por maravilla se hielan. Y si estuvieren muy altos, echarlos de cabeza, y no se helarán: porque como tienen tuétano, los traspasa el hielo, y por allí se pierden. Los blancos y amarillos huelen, y los silvestres si los cortan de noche.

ACIANOS. Tiene tres nombres: Acianos, Estrellamar y Escobilla. Hay azules, blancos, morados y leonados. Estos pocas veces se siembran, y como se cae la semilla, a la entrada del invierno nace. Cuando quieren coger su simiente, ha de ser entreverde, porque si aguardan a que se seque, no la hallarán, que salta y se cae muy presto; si se siembran por la primavera, cuando los grandes están con su flor, vienen a llevar por agosto o septiembre; no huele su flor, perece su raíz por junio, y quieren mucha agua.

ALBAHAQUILLA DEL RIO. Es la que llaman el Calamento. Algunos la llaman la paletaria, y no lo es; porque la paletaria no huele, y la una nace en riberas, y la paletaria en muros. De éstas se suelen hacer muy lindos tiestos acopados. Su raiz dura mucho tiempo, tiene simiente; su flor es muy ruin; la hoja huele y quiere poca agua.

AZUCENAS. Hay tres maneras de ellas: blancas, coloradas y naranjadas. Las dos, que son de cebolla, quieren poca agua, y las naranjadas mucha, y éstas tienen raíz y no cebolla. Las de cebolla, si les dan mucha agua, dan en vicio, y echan muchos cogollos; no llevan flor, y otras veces se ponen amarillas con la mucha agua. Plántense a donde reciban poca agua. Las de cebolla se plantan deshaciéndola; cada casquito de por sí criará una cebolla. La naranjada, como es de raíz, cunde mucho; su flor de ésta no dura más de aquel día, pero echa muchas flores y es muy vistosa. Las dos dichas crían muchas hojas a raíz de la tierra; quítenselas para que suban los cogollos y tomen más fuerza para llevar flor, y también porque no críen debaxo de sí babosilla y caracoles y otras sabandijas, que destruyen todas las plantas que se traspusieren. Las flores de éstas se cortan en estando abotonadas para salir, que después salen en el agua; duran mucho; su flor de las blancas huele, aunque a algunos da fastidio; la amarilla no huele, ni la colorada. Esta amarilla quiere mucha agua.

ANGELICA. Es de la misma manera que el Peregil macedónico; dura tres y cuatro años, lleva simiente; su raíz es cosa muy probada contra la peste, trayéndola consigo; su hoja y flor huele; quiere poca agua.

ALQUIMILLA, y por otro nombre Piedeleón planta para las mujeres. Lleva simiente, la raiz cunde mucho, su flor es muy ruin y no huele, y quiere poca agua.

AMARO, que también se llama Yerba de San Juan. Lleva la flor como salvia, y la hoja como gordobolo. Tiene simiente, la raíz dura tres y cuatro años. También tiene otros nombres, y estos dos son más usados. Su flor no huele, y quiere poca agua.

ALMORADUX, y por otro nombre Sándalos. Su raíz, hoja, color y flores lo tiene todo como la yerba buena. Para tiestos es buena; de rama prende, y de raíz cunde como grama. Háse de mudar de dos a dos años, porque no se pierda, cortando las raíces viejas cuando lo trasplantaren. Trasquílenlo en el verano dos o tres veces, porque esté fresco y acopado; su hoja huele, y quiere poca agua.

AJENJOS DULCES Y AMARGOS. Estos llevan simiente, prenden en rama; y si los dejan llevar simiente, se suelen perder. Los dulces en invierno están debaxo de tierra. Quieren poca agua.

ACEDERAS. Estas sirven para ensalada. Tienen simiente. De raíz cunden mucho, quieren mucha agua.

ALTAMISA, la real y la común. La grande, que es la real, se come. Quiere mucha agua.

HABAS DE LAS INDIAS, y por otro nombre Frisoles. Haylas de muchos colores; siémbranse en tiestos, porque, si están en bajo, los caracoles y balbosillas las comen cuando están chicas y tiernas. Fenecen por agosto. Quieren mucha agua y estiércol.

AZAHAR BRAVO. Este es como los Lúpulos, que van subiendo y enramando, y en el invierno se sumen debaxo de tierra. Su raíz dura mucho; tiene simiente. Su flor es blanca y tiene color. Quiere mucha agua.

AMORMIO es una cebolla y lleva unas porretas más anchas que el narciso. En algunas partes no lleva, y cáusalo la mucha agua. Su raíz dura mucho; su flor es una campanilla blanca; tiene olor; lleva por agosto. Tiene simiente y quiere poca agua.

ARQUILEXIUS. Su raíz dura mucho; su flor son unos capullos que se vuelven colorados, y de dentro de él una guinda en que está la simiente; no huele, y quiere mucha agua.

B

BREDOS. Hay tres maneras: unos, que llevan unos penachos grandes; y otros, el tronco colorado; y los demás, unas mazorquillas como carmesí; éstos son los mejores. Perecen al principio de noviembre; su flor no huele, y son aquellas mazorquillas. Tiene simiente y quiere mucha agua.

BALSAMINA Y MOMORDIGA, que es una misma planta, menor y mayor. Su hoja es como de parra, aunque más chica; lleva unos meloncillos llenos de picos, y se vuelven colorados; dentro de ellos está la simiente. Echados estos meloncillos en una redoma en aceite, y poniendo la redoma al sol, se hace el aceite bálsamo. Su flor es muy ruin; no tiene olor. Son buenos para enmarañar ventanas; tiene simiente. Perecen por noviembre. Quieren mucha agua.

BALERIANA. La más común, y la greca y silvestre. Su flor huele. De raíz cunde mucho y quiere mucha agua.

BRUSELA mayor y menor, que por otro nombre la llaman la yerba doncella. La menor es bue-

na para lazos, y la mayor, para orlas. Prende de
rama; de raíz prende como grama. Su flor es azul,
no huele y quiere mucha agua.

VIOLETAS. Hay cuatro maneras: azules, moradas, blancas, sencillas y dobles. Son buenas para
orlas y lazos, aunque malas para jardín, porque
crían debajo de sí muchas cochinillas y babosillas
y caracoles, que destruyen las plantas que se trasponen: apártenlas de los cuadros, porque no dañen
a las demás estos animalejos. Su flor de las azules
huele; tienen simiente; su raíz dura mucho; quieren poco sol y mucha agua.

BESICOS DE MONJA. Son buenos para enredar
ventanas; su flor es unos capullos muy delgados,
y de dentro tienen la simiente, que es una cuenta
negra, y un poquito de ella blanco. No tiene olor.
Fenece por la otoñada. Quiere mucha agua.

BIOLA MARINA. Es una planta que lleva la hoja como un corazón. Su flor es amarilla; no huele; tiene
simiente; perece por la otoñada; quiere mucha
agua.

BROTANO, GUARDARROPA, PACIENCIA: tiene estos tres
nombres. Es bueno para lazos; tiene simiente. De
rama prende. De raíz cunde mucho, y quiere poca
agua.

BERDOLAGAS ROMANAS. Tiene la hoja muy ancha.
Es buena para ensalada. Lleva simiente. Perece por
septiembre. Quiere mucha agua.

C

CLAVELES. Haylos de muchas maneras: colorados, finos, encarnados, blancos, rajados; de los colorados· reventones e imperiales. Todos se ponen de cogollo. Tienen simiente. No valen para sembrar, porque se convierte como una clavellina de cinco hojas, y por esta razón forzosamente se han de poner de cogollo, para que salgan como el clavel. Los mejores de todos son los imperiales. La hoja la tienen muy angosta, que parece ruín clavellina; llevan una flor muy vistosa, de muchas hojas y muy grande, finísima, como carmesí oscuro· y unos remiendos rajados. Los colorados, que en medio de la flor tienen un cuernecillo, son los más finos; los otros colorados reventones tienen una hoja muy ancha, y parecen buenos y son baladíes; llevan unos cogollos y muy poca flor; y ésta muy ruín y reventona. Cuando están chicos, se conocen en los muchos cogollos que tienen, y el que es bueno lleva muy pocos cogollos y mucha flor; y los reventones muy poca flor, porque dan en vicio. Échenlos del jardín, que ocupan y no llevan. Los blancos tienen la hoja muy chica y tira a blanca: algunos los suelen ingerir en lirio, y salen medio azules. Los encarnados llevan muchos cogollos y flor, y son más tenidos, por ser tardíos. Su hoja es angosta. Duran todos tres y cuatro años, excepto los colorados finos, que no duran más de dos; y el que llega a tres ha de estar bien gobernado;

y algunos no duran más de un año, que es la primer flor: cáusalo el arrojar muchos claveles la primera vez. En acabando él de llevar su flor, en ninguna manera se corten las varas, porque se perderá. Algunos jardineros ignorantes se las cortan, y la razón que dan es, porque echen luego por bajo, y que si los cortan, que tendrán más fuerza las raíces para brotar; y tendrían razón, si el tiempo les ayudase.

En junio, julio y agosto no se poda ningún árbol, ni viña, por ser el tiempo tan caluroso, que por la cortadura se dañaría. Y mucho más delicado es el clavel, que como es caña, por la cortadura entra la calor y los daña y perecen los más. Y si se dixere que los que están en tiestos se podrán poner a la sombra, y los que están plantados en los cuadros también se podrán cubrir, se responde que en cualquier parte que los pongan los daña el calor, y aun algunas veces se abuchornan más presto, poniéndolos a la sombra, porque no corre aire; y el calor usa de aquello que es natural en aquel tiempo de sujetar todas las plantas con su fuego. Lo que han de hacer es cortarles las cabecillas, que propiamente se llaman los botones, que es donde llevan la simiente, porque no grane, no cortando los que faltan de echar, si acaso tuviere algunos, y pónganle donde por las mañanas le dé el sol hasta las diez horas del día, y se esté con sus varas, que ellas vuelven, como recíproco, con toda virtud y verdor que tienen a sustentar a la raíz, y defienden el sol que no le dañe; y los cogollos que echaren

en las varas déxenlos hasta principio de octubre
que es buen tiempo para descollar y plantarlos.
Los cogollos se quieren poner en el mes de octubre
y en·noviembre los más tardíos: y hánse de poner
donde no vean el sol en todo el invierno, hasta que
estén presos. Y en llegando este tiempo de ponerlos, corten las varas, y los cogollos que están naci-
dos en las coyunturas de ellos· váyanlos cortando
por sus trechos, y dexen los más bajos en el clavel
hasta seis u ocho, y amugrónense algunos, porque
estén recogidos: no porque ellos harán raíces, que
jamás el clavel, aunque esté debajo de tierra amu-
gronado, hace raíz. Los cogollos se pongan en tiestos viejos o medias tinajas con muy buena tierra,
que esté apartado el uno del otro hasta seis u ocho
dedos· hasta tanto que prendan que después, en
estando presos, se plantan cada uno de por sí: y
mázquenlos por bajo y apriétenlos mucho en la tierra. Algunos les ponen por debajo granos de cebada, y esto es falso: porque la cebada no los hace
prender, antes es causa que no prendan, porque
hace muchas raíces; y si prenden· no los dejan medrar. Y así, lo mejor es ponerlos sin ella. Y adviértase, que, cuando hiela mucho, se ahueca la tierra,
y por esto, cuando tornare a hacer blandura, los han
de tornar a apretar· porque los ha echado fuera el
hielo con la grande fuerza que tiene. Otros les ponen clavos de especias para que huelan; y esto no
es cierto, porque los que son finos naturales huelen a ellos, y no por ponérselos, cuando se plantan.
Algunos son de opinión que el cogollo esté al sol y

se guarde del frío, porque no se hiele; y esto tampoco es necesario, porque jamás se hiela, si no es que se hubiese cortado de clavel que estuviese enfermo: y en tal caso lo estará también él en cualquier parte que lo plantaren, y solamente se han de guardar del frío los que son viejos· que han llevado flor, y no tienen tanta fuerza para sustentarse; que los que son cogollos, no solamente (como arriba se dice) no han de ver sol hasta que estén presos, pero han de estar a donde helare más fuerte, que con aquella humedad prenden luego; y si los ponen a donde tengan sol y a lo abrigado, como ellos no tienen raíces y es una caña, el sol y aire los seca, y de esta manera perecen: y poniéndolos como aquí se advierte· casi ninguno se perderá.

En viniendo el mes de marzo, salen con sus cogollos, y el del medio, que es la guía, se le corta para que cobren fuerza y echen por baxo y no lleven flor aquel año, y ya que quieran, sea una varita para ver lo que son, sea después que hayan mostrado tres o cuatro cogollos por bajo. Traspónganse por mayo; y si estuvieren en tiestos viejos· dejen secar la tierra un poco, porque no se desmorone, y sáquenlos con un cuchillo, escarbando alrededor para poderlos sacar con su césped cada uno de por sí, trasplantándole en su tiesto: y si está en el suelo, tomen una azadilla o palilla de hierro, y sáquenlo con su césped, y póngase de la misma manera que los demás; y recién trasplantados· estén seis u ocho días a la sombra, porque el sol no los dañe. Algunos los trasponen por septiembre, y no aciertan, porque luego viene el invierno y no pueden medrar, que harto tienen que sustentarse. Los que se trasponen por mayo han pasado todo el verano, y tienen fuerza para pasar el invierno, y han criado cogollos para quedarles y para trasponer, que se les puede descargar a algunos y dexarles ocho o diez para que lleven flor el año que viene. La tierra sea muy podrida, que no tenga señal de estiércol, porque se convierte en lombrices y consumen al clavel. Y porque los gorriones suelen comer los cogollos nuevos y tiernos, se han de tapar con unas redes hasta que estén duros; y cuando apedreare en el verano o invierno, se han también de cobijar con estas redes porque la piedra no los maltrate; y estas redes son a propósito porque no impiden al sol ni al agua. En el verano se tengan a donde corra aire porque si están a lo abrigado se abochornan. No se rieguen por cima porque se dañan las hojas: y esto se ve claramente con los hielos de invierno porque cuando les da el sol sobre la escarchada les quema las hojas. El agua se les dé templada.

CLAVELLINAS. También se ponen de cogollo y de semilla degeneran casi la mitad, porque salen de cinco hojas: lo más cierto es de cogollo; y se ponen conforme el clavel en el mismo tiempo que es por octubre, o lo más tarde noviembre; no son tan delicadas como el clavel. No tengan clavellinas sencillas, que ocupan mucho, y la flor es muy ruin. Tienen olor y simiente. El agua se les dé templada.

CLAVELES DE INDIA, grandes, medianos y menores.

Estos son muy delicados cuando chicos, lo uno, por el frío; y lo otro, por los cortones, cochinillas y babosillas, que, no están acabados de trasponer, cuando los destronchan por baxo. Y si los siembran temprano, se hielan. Hánse de sembrar quince días más tarde que las otras semillas, y sea en tiestos, porque no puedan subir los animalejos pequeños a comerlos. Traspónganse hasta un palmo de grandes, y más si se pudiere, porque esté el tronco duro, que los cocos no los hallen tiernos, y de esta manera no perecerán. Todos degeneran, quiero decir, que salen sencillos muchos, y éstos no sirven de nada; y de más de esto, si se ponen cien pies, cuando bien salen, son cincuenta; y por esta razón se han de poner muchos, porque, cuando salieren malos, puedan quedar algunos buenos. Si los quisieren poner en tiestos o en jardín por orden, para que todos salgan dobles, pongan en un plantel muchos, y críenlos allí hasta que tengan un botón o dos, de modo que se pueda conocer si es doble o sencillo, y váyanle abriendo un poco; y el que es doble se conocerá en las muchas hojas que mostrare; y el que fuere sencillo tendrá unos picos, y éstos se arranquen, para que los demás medren, y dejen secar la tierra un poco, porque no se desmorone; y tomen una azada o pala, y saquen cada uno con su césped, y váyanlos trasponiendo por su orden, que todos prenderán, aunque estén con su flor, teniendo cuenta ocho días de regarlos a la mañana y tarde. También los pueden trasponer en medias tinajas, y de allí los sacarán mejor. Dícense todas estas maneras de gobernarlos, porque no se conocen en otra cosa ni en la hoja el que es doble o sencillo, ni nadie lo ha podido saber. La simiente se coja muy madura, que esté caída la hoja de la flor, y seco el botoncillo. Los grandes requieren todo esto, porque son muy delicados. Su flor es amarilla, y algunos tiran a naranjados; es muy vistosa y tardía. Dura hasta fin de noviembre. Quiere mucha agua.

CAMPANILLAS AZULES TURQUESADAS. Son buenas para enredar una ventana. Trepan mucho. Su flor es muy vistosa. Dura hasta las diez del día. No tiene olor, pero van saliendo cada día muchas. La grana es como una avellana, y dentro tiene cuatro granos negros. Cada uno se pone de por sí. Fenece por agosto. Quieren mucha agua.

CAMPANILLAS, entre coloradas y moradas: llevan una varilla chica, y en ella una flor. Su raíz es una cabecilla acuarteronada. Dura mucho. No tiene olor. Tiene simiente. Quiere mucha agua.

CARDIACA, la mayor y la menor. La mayor dura mucho, y la menor perece a la otoñada. Tiene simiente. Olor muy poco. Quiere mucha agua.

CORONAS DE REY, y por otro nombre maravillas. Su flor es amarilla y muy común en los jardines. Las dobles son vistosas. En cayéndose la grana, luego nace. Su flor no huele. La raíz dura un año. Quiere poca agua.

COLOQUINTIDAS. Son unas calabacitas que enraman. Son como peras. No crecen más. Amargan más que acíbar. Engañan a muchos, y como las ven en los jardines, piensan algunos que son peras, y hállanse burlados. Perecen por la otoñada. Quieren mucha agua.

CAMEDRO. Tira a tomillo: tiene la hoja harpada. Su flor y hoja huelen. Lleva simiente. Su raíz dura mucho. Quiere poca agua.

CARDO MARINO. Su flor es como una pelota redonda, en ella lleva una flor blanca y azul encadenada. No huele. Su raíz dura mucho. Quiere mucha agua.

CARDO SANTO. Es muy medicinal. Su flor no es vistosa. Tiene simiente y quiere mucha agua.

CORAZONCILLO, y por otro nombre Pericón. Dura mucho. Su flor es amarilla. No huele. Tiene simiente. Quiere mucha agua.

CERAFOLIUM. Tiene la hoja como perejil, es buena para la olla y muy estimada. Tiene simiente. Fenece por San Juan; y en cayéndose la simiente, luego torna a nacer. Quiere mucha agua.

CAÑA MARINA. Su hoja es más ancha que la del trigo de las Indias. Su flor es colorada. No tiene olor, y algunas la echan blanca. Tiene simiente. Dura mucho. Quiere el agua templada.

ÇADIVA. Es planta que tiene unas pencas por hojas. No tiene flor. No huele. De raíz cunde mucho, que va echando hijuelos por bajo, y estos cunden mucho. Es muy delicada. En invierno se guarde del hielo. Quiere mucha agua.

ÇIDRONELA, blanca y azul. La flor y hoja huelen. Perece por la otoñada. Tiene simiente. Quiere mucha agua.

D

DORMIDERAS dobles, deshiladas y sencillas y de muchos colores. Las dobles son muy tenidas. Fenecen por agosto. Su flor no huele. Tiene simiente. Quieren mucha agua.

DRAGON. Es una planta, que por otro nombre se llama Cabeza de ternera: su propio nombre es Dragón, y la flor lo muestra, que si la abren, tiene una cabeza como sierpe. Su flor es de dos maneras: colorada y blanca. Prende de rama. Dura mucho. No tiene olor. Tiene simiente. Siempre está verde. Quiere mucha agua.

E

ESTAFISAGRA. Tiene una flor como la espuela de caballero azul. La hoja, harpada en algunas partes. Fenece cada año. Su flor no huele. Tiene simiente. Quiere mucha agua.

ESTRAMONICA. Crece casi como un árbol. Su flor es blanca, como campanilla. No huele. Fenece por la otoñada. Tiene simiente. Quiere mucha agua.

ELALA. Lleva unas hojas grandes. Su flor es amarilla. No huele. Tiene simiente. De raíz dura mucho. Quiere poco agua.

ESPUELA DE CABALLERO. Hay tres colores: blanca, azul y morada. Su flor no huele. Perece por julio. Tiene simiente, y en cayéndose, nace luego. Y si la

siembran por abril, lleva por agosto; y las que nacen cuando se cae la simiente, llevan por mayo. Su
flor no huele y quiere mucha agua.

F

FRESAS. Estas son buenas para granjas o huertas, porque para jardines ocupan mucho, y ellas
quieren anchura para poder llevar madroncillos, que
ésta es la fruta que echa. Son colorados, y tienen un
saborcillo agrio. Su flor es muy ruin. No huele. De
raíz cunde mucho. Quiere poca agua.

FILOPENDOLA. Hay silvestre y común; la común
tiene una hoja muy harpada. La flor es blanca
y olorosa. Su raíz de la común es como el gamon. La
silvestre tiene raíz. La flor tira a esta otra, aunque
no tan olorosa, y ambas quieren poca agua.

G

GRADIOLOS. Llevan unas espadañuelas a manera de lirio angostas, y la raíz, unas cabecillas. Duran mucho. Su flor es colorada. No tiene olor. Tiene
simiente. Quiere mucha agua.

GUINDILLOS DE LAS INDIAS. Llevan unas guindas
coloradas, que parecen muy bien. Son buenos para
tiestos. Llevan por invierno. En tierra suelen criar
como dos varas. Suélense helar, si entran muy tiernos en el invierno. Para andenes son buenos' y para

tiestos. Ni la hoja ni las guindas tienen olor. Tienen simiente. La raíz dura tres y cuatro años. Quiere mucha agua.

GARIOFILATA. Es hierba de poca vista. Su flor es amarilla. No huele. Su raíz tiene olor y simiente. Quiere mucha agua.

GIGANTAS. Son las que llaman flor del sol; ambos nombres son una misma cosa. Llámanse gigantas porque crecen mucho; y flor del sol, porque el sol va volviendo la flor a sí. Algunas son dobles, que en cada hoja lleva su flor, sin la principal de arriba. Perecen al principio de noviembre. Su flor es amarilla. No huele. Tiene simiente, y cuando las cortan, la ponen al sol, para que los granos se acaben de curar. Y guarden que los gorriones o ratones no los coman, que como están tiernos, no dejan ningunos. Quieren mucha agua.

J

JUNQUILLO. La raíz es cebolla. Dura mucho. Su flor es amarilla. Huele muy bien. Quiere poca agua. Y muchos me contradirán, diciendo que quiere mucha agua, porque nace en ella en lo más baxo de los valles; y también nace en las laderas, adonde no la hay; y en las peñas, y en los resquicios de ellas. Pero cuando se vaya con letura, que nace en el agua, y otras muchas plantas que nacen en la sierra, de la misma manera que son la filopéndola, el serpilo, la palma Christi y otras muchas, digo que a éstas y a todas las demás que aquí se dice que no requieren agua, poniéndolas en los jardines, no se les ha de dar. Y la razón es, porque la sierra, adonde ellas nacen, no tiene agua desde mayo hasta fin de septiembre; y aun algunas veces que los años son secos, hasta principio de noviembre. En este tiempo quedan resequidas, y con tanto deseo de agua, que han menester toda la que tienen en el invierno, y aun ésta no se puede decir agua, sino cristal; porque como va corriente y golpeada, y parte de ella caída del cielo, no las daña; antes las refresca y les da mucha fuerza y virtud; y por el contrario en los jardines, que se pierden en ellos muchas, y no llevan casi flor. La causa es que siempre están en agua, porque en el invierno, como llueve tanto, siempre tienen tanta agua como las de la sierra; y en verano, siempre las están regando, y de esta manera se aguarzan y se pierden, y algunas dan en vicio, que si un cuadro tiene mil cabezas de junquillo, la mitad de ellas no lleva flor, porque dan en llevar porretas en lugar de flor. Y a todas las demás plantas de cebollas, y a algunas de raíz, que digo que quieren poca agua, se la vayan dando con deseo, para que espiguen y vengan a llevar flor, y no se aguarcen, o vengan a dar en vicio. Todo lo dicho se ha de entender cuando la tierra no es muy recia; cuando el jardín es nuevo, se sufre echar más agua. Y si se dixere que aunque la tierra no sea recia ni el jardín nuevo se les puede dar mucha agua con echar estiércol, se satisface con advertir que el estiércol no es bueno para las plantas de cebolla, ni para las plantas que duran mucho; porque en el verano, cuando está regada la tierra, ora sea por la mañana, o por la tarde, tiene humedad la tierra con el estiércol, que es como esponja que detiene en sí; y cuando viene el mediodía, el sol y el estiércol las están escaldando y cociendo las raíces debaxo de la tierra. Y desta manera perecen. Y aunque el estiércol se haya echado a principio de noviembre, y haya pasado el invierno sobre ello, y parezca que ya no es estiércol, sino grasa; pero no se me podrá negar que adonde hay grasa y virtud, que es aquélla que ha quedado del estiércol, no haya fuerza; pues ésta es la que daña: que si la virtud fuera natural, no les podía dar más de lo que habían menester; mas la que es artificial, por la mayor parte, sobrepuja y daña; y como todas las cebollas están todo el verano debaxo de tierra, no se pueden gobernar fácilmente, como las que están a los ojos, que, si se pudiesen ver, veríase si tenían demasiada agua o no; y por estas causas requieren esto que digo, de darles poca agua y poco estiércol. Tiene grana. De cebolla cunde mucho, que echa muchos hijos. Hanse de sacar las cebollas, que son de cuatro a seis años, y desmenuzarlas, y apartar los hijuelos y tornarlas a trasplantar cada una de por sí. Esto se haga en acabando de llevar su flor. Estas cebollas, y todas las demás plantas que fueren de cebolla, se pueden pasar y traer de Italia, llevándolas en una caja con su tierra, que allí se conservan; lo cual no harán las plantas de raíz, que, si no están presas, no se podrán sustentar mucho tiempo; y aun si es breve el camino, como sea por invierno, por espacio de un mes y casi dos, pueden ir sin tierra, porque estas cebollas se sustentan muchos días fuera de la tierra.

JACINTOS ORIENTALES. Hay dos maneras de ellos. En la tierra nacen otros que son conformes a los orientales, y éstos no, huelen. Su flor es azul. Los orientales huelen mucho. Estos quieren mucha agua, y tienen simiente, y de cebolla cunden mucho.

L

LIRIOS, azules y blancos, amarillos y pardos, y también los hay chiquitos medio blancos; éstos son muy comunes. Los blancos y azules huelen. Los pardos y amarillos no tienen olor. Estos dos quieren mucha agua, y los azules y blancos, poca.

LIRIOS Y LÍRICOS azules, y amarillos, y morados; los azules y amarillos es planta muy tenida. Estos dos tienen olor; tienen simiente. Su raíz es cebolla, y echan muchos hijuelos. Enxambran mucho. Los morados tienen raíz y son muy comunes en las riberas. Todos quieren mucha agua. Otros hay azules, que tienen la espadaña como la azucena naranjada.

LIRIUM CONVALIUM. Su raíz es como grama. Enxambran mucho. La hoja es fresca. Su flor es blanca. Tiene muy suave olor. Quiere poca agua.

LLANTEN. Es planta muy conocida y provechosa. Es muy común en los jardines. Quiere mucha agua.

M

MENOTISAS. Son las que llaman Ramilletes de Constantinopla. Hay cuatro maneras: encarnadas, naranjadas, blancas, y. las coloradas, dobles, como clavellinas. La flor de las encarnadas y naranjadas sencillas no huele. Las blancas y las dobles tienen olor. La raíz de la blanca es como grama. Jamás se pierde. Las naranjadas duran cuatro y seis años. Las encarnadas secillas, uno y dos años. Las dobles coloradas son muy tenidas, porque parecen claveles dobles. Su raíz dura dos y tres años. No tienen simiente. De cogollo, prenden como el clavel. Quieren mucha agua.

MIRABELES. Son muy frescos. Parecen bien. No huelen. Tienen simiente. Perecen por la otoñada. Quieren mucha agua.

MINUM SOLIS. Es un arbolito. No huele. Su simiente es como granos de aljofar. Su raíz dura mucho. Quiere poca agua.

MEJORANA. Es muy buena para hacer tiestos, porque está todo el año fresca. Tiene simiente. La hoja huele. De raíz cunde mucho, y de rama, prende. Quiere poca agua.

MARGARITAS, y por otro nombre, Mayas, blancas, encarnadas dobles. Las blancas se disminuyen, que suelen volverse sencillas. No huele su flor, ni hoja. Parecen bien. De raíz cunden mucho. Quieren poca agua.

MEXICANAS, y por otro nombre Maravillas y

Tudescas. Haylas coloradas y amarillas y de muchos remiendos en un pie. Perecen aquel año si les dan mucha agua, y si les dan poca, duran tres y cuatro años. Otras hay coloradas, que duran dos y tres años. Su flor huele a azahar. De éstas hay muy pocas. Tienen simiente. La flor de las de remiendos no huele. El agua se les dé templada.

MALVAS DE LAS INDIAS, dobles coloradas, encarnadas, blancas, negras. La flor no huele. Tienen muy linda vista. Tienen simiente. Prenden de cogollos desgajados de ellas. Prenden como claveles, poniéndolos a la humedad, donde no haya sol. Suelen comer los cortones la simiente; y para que no la coman, es necesario que en medio del panecillo do está la simiente se corten unas puntas que allí están, de manera que se descubra un poco de lo de dentro, y con esto se endurecerá la simiente del panecillo, y no la comerán. El secreto es que ellos se esconden allí debaxo, y como la simiente está tierna, la comen; y si está cortada, el sol la endurece y la cura más presto. Quiere poca agua.

MERCURIALES. Son medicinales. No tienen olor. Tienen simiente. Cunden mucho. Quieren mucha agua.

MASTUERZO DE LAS INDIAS. Su hoja es un poco redonda y muy fresca. Tiene simiente. La raíz cunde mucho. Es bueno para ensalada. No tiene olor y quiere mucha agua.

MAGÜEY. Tiene unas pencas que se parece a la Zadiva. Dicen que en la tierra donde hay muchos que llevan una fruta. En España yo no se la he visto llevar. No huele. De raíz cunde. No tiene simiente. Quiere mucha agua.

N

NAPELE. Su flor es amarilla muy doble; es especie de ranúnculo. De raíz cunde mucho. Quiere mucha agua.

NARCISOS. Es planta de cebolla. Su flor es blanca, y en medio, un vaso amarillo; échala por mayo. Tiene olor. Y digo esto, porque muchos llaman a las Inclintinas Narcisos. Estas echan por Navidad. Otros hay amarillos, que echan por febrero. Estos no son propiamente narcisos, aunque los llaman narcisos de lechuguilla. No tienen olor, y quieren poca agua. Otros narcisos hay que se llaman de coronilla de doblón. Su flor es blanca, y en medio, como un doblón amarillo. Tiene olor. Quiere mucha agua.

NIETA. Parece algún tanto al Torongil. Su hoja y flor huele. Es como encarnada. Tiene simiente. De raíz cunde mucho. Quiere poca agua.

NUEZA. Es buena para enramar paredes o ventanas. Su raíz es como un nabo. Dura mucho. Tiene simiente. No huele. Quiere mucha agua.

O

OREGANILLO DE LAS INDIAS. Este parece algún tanto a la Mejorana. Hácense tiestos dello y lazos. Su hoja huele. Prende de rama, y de raíz cunde mucho. Quiere poca agua.

OCULICHRISTI. Su flor es colorada y blanca. No huele. Parece bien. Duran dos años. Quieren mucha agua.

ORMITOGALO. Su cebolla tira al jacinto. Su flor es blanca, aforrada de verde por de fuera. No huele. Tiene simiente. De cebolla cunde muncho. Quiere mucha agua.

P

PENSIELES. Su flor es morada, amarilla y blanca. Fenecen cada año. No huelen. Tienen simiente. Quieren mucha agua.

PEREGIL MACEDONICO.—Parécese a la Angélica, aunque no en el olor. Tiene simiente. De raíz cunde mucho. Quiere mucha agua.

POMATES. Hay dos o tres maneras. Es una planta que lleva unas pomas acuarteronadas. Vuélvense coloradas. No huelen. Dicen son buenos para salsa. Tienen simiente. Suelen durar dos o tres años. Quieren mucha agua. Otros hay que llaman del Cairo.

POMAS DE AMOR. Otros las llaman Viola marina; pero su propio nombre es Pomas. Hay las blancas y azules. La flor es unas campanas muy vistosas. No huelen. La hoja es como de borraja. Fenecen en echando su flor. Quieren poca agua.

PAJARILLAS, y por otro nombre Guileñas. Haylas azules y blancas, encarnadas dobles y sencillas.

Su flor no huele. Tienen simiente. Duran mucho. Quieren poca agua.

POLEO MAYOR Y MENOR. Tiene flor, olor y simiente. Su raíz dura mucho y quiere mucha agua.

PEONIA doble y sencilla. Su flor es colorada, que parece rosa castellana. No huele. Tiene simiente. Su raíz dura mucho. Quiere poca agua.

PIMPINELA. Su hoja es harpada. Su flor, muy baladí. Tiene simiente. Quiérese cortar muchas veces en el verano, porque no grane y esté fresca. Su raíz dura mucho y quiere mucha agua.

PALMACHRISTI. Su flor es como encarnada. Lleva un gamoncillo. No huele. Su raíz es mucho de ver, que es una mano con sus cinco dedos y una palma. Tiene simiente. Su raíz dura mucho. Quiere poca agua.

PALETARIA. Es la que nace en las paredes. Es medicinal. Siempre está fresca. Tiene simiente. La raíz dura mucho. No huele y quiere poca agua.

PAPAGALLOS. No tienen flor. En el tronco echa unas como berrugas, y allí está la simiente. Su hoja es muy vistosa, colorada, verde, amarilla. No huele. La raíz fenece por fin de octubre. Quiere mucha agua.

PIMIENTOS. Hay cuatro maneras: de cuernecillo, y como cerezas, y de pico de gorrión y de los comunes. Tienen simiente. Fenecen por la otoñada. Quieren mucha agua.

R

RANUNCULOS. Su flor es amarilla. Su olor tira a pimienta. Su hoja se parece a la del clavel. Tiene simiente. Su raíz es vellosa. Dura mucho. Quiere mucha agua.

ROQUETA. Su flor es amarilla, muy baladí, no huele. Tiene simiente. Su hoja es buena para ensalada. Su raíz dura mucho. Quiere mucha agua.

RABANO MAGISTRO. Su flor es blanca. No huele. Tiene simiente. Es bueno para ensalada. De raíz cunde mucho y quiere mucha agua.

RUDA. Hay dos o tres maneras. Su flor es amarilla. Tiene simiente. Su olor a algunos da gusto, y a otros enfada. Prende de rama. Su raíz dura mucho y quiere poca agua.

S

SANGUINA. Su hoja es toda llena de venas coloradas, que parece que tienen sangre. Tiene simiente. No huele. Su raíz dura mucho y quiere mucha agua.

SIEMPREVIVA. Es una planta mucho de ver y de considerar, que nace colgada de un hilo. Poniéndola en parte sin tierra ni humedad, echa hojas frescas a temporada. Su raíz dura mucho.

SALVIA. Su hoja y flor tiene un poco de olor. Tiene simiente. Prende de rama. Su raíz dura tres y cuatro años. Quiere poca agua.

SUELDACOSTILLA. Es una planta de cebolla. Su flor es blanca como una mosqueta, y en medio, una cuenta negra como de azabache, y unos picos blancos alderredor, que la abrazan. De noche se cierra, y de día se abre. Tiene olor y semilla y quiere muy poca agua.

SATERIONES. Hay muchas maneras. Unos se suelen tener en los jardines, por ser su flor de consideración, que es como un escudo la flor, y una cabecita en ella con ojos y pico, que parece ánade. Tiene simiente. Su raíz dura mucho, y en ella tiene unas pelotillas pegadas, como turmas de tierra. Quiere poca agua.

SIETE EN RAMA. De ésta se hacen lazos. Su flor es muy ruin. No huele. De raíz cunde mucho y quiere mucha agua.

SERPILO. Es una planta que nace en los arroyos o valles junto a la cumbre de la sierra. Su flor es menor que la del poleo menor. Tiene muy suave olor. Tiene simiente. De raíz cunde mucho. Quiere poca agua.

T

TRAOREGANO. Es una planta muy linda. Su flor tira un poquito a encarnada. Huele mucho. Su raíz dura mucho. Tiene simiente. Cuando la traspongan, se ponga con sus terrones, porque si la trasponen de por sí, no prende. Hácense de ella muy lindos tiestos, cercenándola como la mejorana. Está siempre verde. Quiere poca agua.

TABACO. Su flor es muy ruin. No huele. Tiene simiente. La hoja es ancha. Dura conforme la tratan. Si le dan mucha agua, crece mucho, pero fenecerá presto. Dura tres y cuatro años. Suele degenerar, y este tal no es de lo bueno, y conocerse ha en la hoja ser chica y roma. El agua se le dé poco a poco.

TIMO. Es tomillo; es bueno para lazos. Prende de rama. Tiene simiente y olor. Su raíz dura mucho. Quiere poca agua.

TORONJIL. Su hoja huele. Su flor es muy ruin. Tiene simiente. Su raíz cunde mucho. Córtese dos o tres veces en el verano, porque esté siempre fresco. De dos a dos años lo arranquen y corten las raíces viejas y tórnenlo a plantar. Quiere mucha agua.

TARAGONTIA. Hay cuatro o cinco maneras. La serpentina parece bien. Aquellos tallos que echa, parecen labores de culebra. Su raíz cunde mucho. Quiere mucha agua.

TARAGONA. No le he visto simiente ni flor. Su raíz dura mucho. Su hoja es buena para ensalada. No huele. Quiere mucha agua.

TREBOL. Hay grande y menor; el menor tiene la hoja chica, y la flor amarilla. Tiene olor y simiente; el grande, blanca. Su raíz dura mucho. Quiere mucha agua.

Y

YNCLINTINAS. Es planta de cebolla. Comienza a echar su flor por fin de diciembre. Su flor es blanca, y en medio de ella un vaso amarillo. Huele mucho. Quiere poca agua.

YNOJO. Hay tres o cuatro maneras: marino, y lo dulce, y lo común. De grana se siembra. Quiere poca agua.

YSOPILLO. Es bueno para lazos y para tiestos. La flor es azul. Tiene olor y simiente. De rama, prende. Su raíz cunde mucho. Quiere poca agua; porque si le dan mucha, da en vicio y cría mucho piojo, con que lo destruye y fenecen los lazos.

YERBA ROMANA, y por otro nombre, Yerba de Santamaría. Es muy fresca. La hoja huele. La raíz cunde mucho. Quiere mucha agua.

YERBA DE SAN PEDRO. En la sierra la llaman Gayadas, porque la flor es como mangas de camisa de mujer. Su flor es amarilla. No huele. Tiene simiente. La raíz cunde mucho. Quiere mucha agua.

YERBAMORA. Es buena para enramar paredes. Su flor es muy ruin. Lleva unas uvillas, y allí tiene la simiente. Dura mucho. Quiere mucha agua.

YERBA PUNTERA. Es como alcachofa. No huele, ni tiene simiente, ni flor. Echa muchos hijuelos, y éstos cunden mucho.

YERBA DE LA ESTRELLA. Su hoja está esparcida por la tierra. Es buena para ensalada. Quiere mucha agua.

De muchas de estas plantas dejo de decir el olor, hoja, raíz, y lo demás que tienen, por ser tan comunes, que todos las conocen.

FIN DE LAS YERBAS Y PLANTAS DE JARDINES

ARBOLES PARA JARDINES

A

AMOR. Algunos le llaman Sicamor. Su flor es colorada, y la echa antes que eche la hoja. No huele. Tiene simiente. Acaba la hoja por la otoñada. Quiere mucha agua.

ARRAYAN. Es árbol que siempre está verde, y su hoja y flor tiene olor. La flor es blanca, como la de la murta. Tiene simiente. En tierra caliente y recia prende de estaca; en la fría, aun con raíz, no quiere prender. Su raíz dura mucho. Quiere poca agua.

ALFONSICO. Lleva una frutilla colorada y se come. Algunos dicen que es necesario para que lleve que estén juntos hembra y macho. No tiene olor. Su hoja fenece al fin de octubre. Quiere mucha agua.

AGRAZON. Este es espino. Lleva unos agrazones; son buenos para salsa. Su hoja fenece en tiempo que las demás. Prende de estaca y raíz. Quiere mucha agua.

C

CORNEJO. Su flor es muy ruin. Lleva una frutilla colorada. No huele. Prende de estaca y raíz. Quiere mucha agua.

CINAMOMO. Su flor es morada y blanca. Tiene
olor. Su hoja fenece al fin de noviembre. Tiene simiente, como aceitunas chicas, y un cuesco recio.
Algunos dicen que se han de sembrar temprano, porque el cuesco ablande, que es por febrero. Esto es
falso, porque no se ha de sembrar sino a principios
de abril y mayo; de manera que reciba calor el cuesco, que es la simiente; un mes antes que se siembre,
ha de estar al sol, para que se resequen y se abran
como el piñón, que si está mucho al sol, se abre, y
siémbrense luego. De esta manera saldrán muchos.
Siémbrenlos en tiestos porque la babosilla los come
cuando salen, como están tiernos. Y de allí se podrán transponer, sacándolos con su tierra. A los cuatro años llevan flor. No prenden de estaca. Quieren
mucha agua.

CIPRES. Hay hembra y macho. Los que salen
desmalazados son las hembras, y los acopados, los
machos. Luego se conocen en el talle. Hacen unas
piñas. Estas se siembran por marzo o abril. Es muy
tardío en crecer. Es bueno para granja y malo para
jardín, porque todo es amparo de gorriones y que-
bradero de cabeza. Cría muchas telarañas, como no
le sacude bien el aire, por estar adornado de tapias
y casas, como están los jardines. Tiene olor. Quiere
poca agua.

D

DELFA. Su flor es colorada. No huele. Su hoja dura siempre. Tiene simiente. No tiene olor. Es muy venenosa. Quiere mucha agua.

G

GELDRE. Es de dos maneras: doble y sencillo. El doble tiene la flor muy vistosa. No huele. El sencillo lleva una simiente colorada, como cerecillas de la sierra. La flor de ambos es blanca. No huele. Prende de estaca y de raíz. Quiere mucha agua.

GULUTEA. Su flor es amarilla. No huele. Lleva unas vainas en que está la simiente, y cuando están tiernas las vainas, si las parten, hacen estruendo. Prende de estaca y de semilla. Su hoja fenece cuando las demás, y quiere mucha agua.

GRANADO. Es bueno para espaldares y para paredes. Prende de estaca. De raíz cunde mucho. Las granadas muchas veces se abren de mucha sequedad. Quiere mucha agua.

J

JAZMINES REALES. Son los que llaman de Valencia; en tierra fría son delicados. Es necesario tenerlos en tiestos, porque se puedan guardar en el invierno. Su flor es blanca y muy olorosa, y mayor que la de los comunes. La hoja dura siempre. Quiere poca agua.

JAZMINES AMARILLOS. Estos nacen en las laderas de la sierra. Crecen como árboles. Duran mucho. Fenece su hoja al invierno. Su flor es amarilla. No tiene olor. Prende de estaca y quiere mucha agua.

JAZMINES COMUNES. Estos son muy buenos para entapizar paredes y hacer espaldares, si los saben aderezar, y ha de ser en esta forma. Hánse de plantar junto a, pared, o a cenador, o espaldar; porque ellos son delgados y crecen mucho; y si no tienen a qué arrimarse, no se pueden sustentar. Prenden de rama. Echándolos de cabeza, luego hacen raíces. Para plantarlos han de ser los más nuevos que se hallaren, que si son viejos, pocas veces prenden; y ya que prenden, se suelen estar tres y cuatro años, que nunca acaban de valer algo; y al cabo de este tiempo, se pierden. Cáusalo, que como los viejos tienen una corteza muy dura, nunca echa raíces nuevas; y las que son varas o jazmines nuevos barbados, por todas partes brotan con sus raíces, y en dos años hacen labor de manera que se pueden entapizar los encañados. Y como arriba se advierte, se han de plantar un año y dos antes que se hagan los encañados, por la fealdad que tienen estando sin cubrirse; y también porque se pudren sin servir; y cuando pequeños, arrímenles unas tomizas; y estando mayores, se pueden hacer encañados, y irlos subiendo por ellos por la parte de fuera, de modo que se cubra el encañado, tomando cada rama de por sí, guiándola hacia arriba, y otras a los lados, metiéndolas por una parte y sacándolas por otra, y repartirla de manera que cada una vaya de por sí para que el tapiz salga bueno; y de esta manera se van enredando y el encañado queda cubierto. Y si se suben arriba las varas y abaxo queda descubierto, hánlo de aderezar de esta forma: si fueren viejos los jazmines y estuvieren muy altos, y por bajo descubiertos, por haberse subido arriba, se han de cortar por baxo del todo, para que tornen a salir de nuevo; y lo más acertado es cortar todas las varas viejas y dejar las nuevas, para que aquel año suplan, y al otro irán de allí adelante entresacando y cortando los jazmines más viejos, y las varas que quedaren más nuevas se extiendan por defuera; y no se corte por baxo, porque quedarán las paredes muy desnudas que de otra manera se tardarían a cubrir de nuevo dos y tres años. Aderécense por febrero y otra vez por julio, después que han llevado la flor. Y adviértase que desde el suelo vayan haciendo el tapiz; y si algunas partes estuvieren más descubiertas, siempre han de encaminar hacia allí las varas, para que quede igual todo, que en el repartir está el punto; y vayan echándolos de cabeza los más nuevos, para que de allí salga igual, y si algo quisieren cortar, sean las cabecillas y lo viejo, donde han llevado la flor, y no se llegue a las varas nuevas, sino ir quitando lo seco; y de esta manera tendrán siempre vista los encañados; y estos jazmines quieren mucha agua.

L

LAUREL. Hay hembra y macho. La hembra trae semilla como cuentas negras. Llámanse bayas. Es árbol muy tenido, por ser tan fresco, que todo el año está con su hoja. En algunas partes son muy dificultosos en prender, que, aunque los ponen con raíces, no prenden. Estos tales suelen estar dos y tres años verdes, y al cabo de ellos, se pierden. Es verdad que algunas veces prenden, no solamente de raíz, pero de estaca, en tierras fértiles o holgadas. Los de baya, que son de semilla, son más ciertos, aunque tardan mucho en crecer. Su hoja tiene olor, quieren sombrío y no mucha agua.

LUPULUS, y por otro nombre Hombrecillos. Estos suben mucho y enraman muy de presto. Cuando son chicos, se comen, y son más sanos que espárragos; córtanlos y déjanles tres o cuatro guías, y aquéllas enraman todo un chapitel o cenador. Fenecen por octubre. Su raíz dura mucho. Tienen simiente. Quiere mucha agua, y no tienen olor.

M

MEMBRILLOS. Aunque es árbol de granjas, es muy de jardín, por ser sus varas tan blandas, que se dejan entapizar y se hacen paredes y ayas de ellas. Cuando tienen fruta y flor, parecen bien. Quiere mucha agua.

MURTA. En tierra fría es muy delicada, que se hiela algunos años. Esto es causa de entrar tierna en el invierno, por la mucha agua que ha tenido en el verano. En tierra fría prende mal de estaca y raíz. De semilla cunde mucho. Transpóngase con su terrón, y que vaya presa. Su hoja y flor tienen olor. Dura mucho. Es buena para tiestos y ayas, y para hacer figuras. Quiere poca agua.

MIRTO. Es como arrayan. Lo mismo requiere que la murta. Quiere poca agua.

MUELLE. Es un árbol medicinal y muy tenido. Su flor es chiquita y blanca. De semilla prende. Su hoja es harpada. Tiene olor. En algunas partes prende de estaca. Su hoja fenece a fin de octubre. Quiere mucha agua.

MOSQUETA. Hay tres maneras: blancas, dobles y sencillas y amarillas; pocas veces, o casi ninguna, prenden de estaca. De raíz cunden mucho. Echándolas de cabeza, enxambran muchas, aunque en algunas partes se pudren; y esto lo causa la mucha agua, que están viciosas debajo de tierra, y no echan raíces. Si les dan poca agua, suda la corteza con el gran calor debajo de tierra, y revienta por todas las coyunturas de las raíces: inxiriéndose de escudete en rosales blancos y colorados, habrá muchas, y mejor dicen en los blancos, por tirar más a su natural: y esto sea por junio o julio, y en tierras cálidas por mayo; en resolución cuando sudare mejor la corteza. Su olor de la doble tira a rosa. La sencilla es más suave. La amarilla no tiene olor y quiere poca agua.

MADRESELVA. Su flor es blanca y amarilla. Tiene olor. Prende de rama. De raíz cunde mucho. Algunos hacen paredes de ellas, y son muy malas, que como no las sacude el aire, se hinchan de piojos. Estos no las dejan llevar flor. Han de estar en parte a donde reciban aire de un lado y de otro, en espaldares o cenadores, para que trepen, que allí llevarán muy bien. Algunos dirán que las han tenido un año y dos en paredes, y que estaban cargadas de flor; pero esto será cuando el jardín es nuevo, que como la tierra tiene tanta fuerza, da virtud para resistir aquellos piojos; de manera que en dos o tres años no los crían, mas de allí adelante por maravilla lleva flor, estando arrimada a la pared. Su flor huele y quiere agua.

P

PLATANO. Es árbol medicinal; por esta tierra no le he visto con flor ni grana. Siempre tiene hoja. Quiere mucha agua.

PALILLODURO, que por otro nombre se llama Legustio. Este lleva unos racimillos blancos olorosos, y se convierten en racimillos negros como uvilla, y aquélla es la simiente. De este se hacen espalderas. Prende de raíz y estaca. Su hoja se cae en el invierno, y en algunas partes no; cáusalo la tierra ser fuerte, o haberlos motilado bajo. Su raíz dura mucho. Quiere mucha agua.

PIMIENTO, y por otro nombre Agnocasto. Este es

un árbol que lleva una flor azul por agosto, y una grana que tira a pimiento. No tiene olor. De raíz cunde mucho, y de estaca y semilla. Quiere poca agua.

R

ROMERO. Hay hembra y macho. Su flor y hoja huele. Prende de rama y semilla. Es bueno para hayas, aunque, donde da poco el sol, centellea, que es hacer faltas. La tijera lo daña mucho, cuando no lo motilan en tiempo. Quiere poca agua.

RUIS. Hay dos, uno que es zarza, y otro que parece el palo a sauco, y la hoja a parra. Lleva una frutilla colorada. Prende de estaca y raíz. Su hoja perece por la otoñada. Quiere poca agua.

RETAMA. Su flor es amarilla y olorosa. De semilla cunde mucho. No prende de estaca. Si la motilan, en acabando de llevar la flor, todo aquello que ha de ser grana, torna a llevar de flor amugronada. No hace raíz. Dura mucho. Quiere poca agua.

ROSAL. Hay cuatro maneras: de Alejandría, castellano, damasquino y blanco. Prende de raíz y rama. Quieren mucho sol, porque si están en sombrío, dan en vicio y no llevan flor. Donde atrás se dice de lo que requiere el jardín, queda advertido que son muy embarazosos en los jardines, y que no conviene plantarlos arrimados a pared; porque como son chicos, y ellos echan tantos hijos, no se pueden domeñar, y como están arrimados por la mayor parte a las paredes, hánse de cortar o atar y átanse mal, por ser leña con dientes. Por agosto se seca la hoja, y se hinchan de telarañas y parecen mal. Algunos están bien con ellos, porque por mayo parecen bien con la flor, y esto es quince días; y la cosa que ha de estar arrimada a la pared, ha de estar verde casi todo el año. Para granjas son buenos, porque allí participan del aire y del sol, que es su natural estar en raso. El agua se les dé templada.

S

SERINGA. Su flor es blanca. Huele muy bien. De raíz cunde mucho, porque echa muchos hijuelos. Quiere poca agua.

SETISO. Su flor es amarilla. No tiene olor. La grana está en unos cuernecillos. Su hoja dura siempre. Es bueno para ayas. Prende de rama. Quiere mucha agua.

T

TILLORÍ. Su flor es blanca. No huele. Su hoja tira a manera de corazón. Cáese por la otoñada. Es muy medicinal. Tiene semilla. Quiere agua.

Y

YEDRA. En lo que requiere el jardín, se dijo que no era buena para jardines; es buena para granja.

La causa es que dentro de sí cría muchas sabandijas, como caracoles, babosilla y lagartijas; y en saliendo la planta, la destrozan por bajo, y esto es de noche, y de día se recogen a la yedra. Para granjas es buena, que se suele hacer una calle de ella, que parece muy bien. Tiene simiente, y prende de rama. De raíz cunde mucho. Quiere mucha agua.

Otros muchos árboles van viniendo cada día de las Indias y de otras muchas partes, como el Sangre de Drago, y el árbol Vitis y Noninsis; procuren probarlos, y ver lo que requieren, porque no se pierdan.

ORDEN COMO SE HAN DE CRIAR LOS NARANJOS, ASI EN TIERRAS FRIAS, COMO CALIDAS, Y SEMBRARLOS

El naranjo es un árbol muy delicado, más que cuantos hay; y así se requiere tener mucho más cuidado con él, que con otros árboles, ora esté plantado en tierra cálida, ora en fría; y mucho más cuidado se ha de tener en tierra fría, porque están fuera de su natural; en tierra cálida, dándoles mucha agua; y en la fría, quitándosela, y haciéndoles los beneficios que aquí se explicarán.

El naranjo se siembra y se inxiere. Para sembrarle se han de buscar las naranjas más curadas de las que ya se quieran caer de los árboles, porque los granos estén más curados; y siémbrense los granos de por sí. Algunos ponen la naranja entera, poniendo el pezón abaxo; y aunque salen juntos, después se trasponen cada uno de por sí. Siémbranse en creciente. En tierra cálida y fría es bueno por marzo, aunque en la cálida los suelen sembrar por septiembre, y es buena postura; lo cual no es en tierra fría, porque la mucha humedad pudre la naranja y los granos, y no sale; y ya que salen, no valen nada, porque el frío los traspasa y perecen. La tierra ha de ser muy grasienta, y no muy estercolada, que si tiene mucho estiércol, escalda las naranjas, y salen enfermos; ha de estar la tierra podrida de más de dos años antes, de suerte que se pueda decir grasa y sustancia. Algunos dicen que se les eche mucho estiércol, y que con el agua se templa el fuego que tiene el estiércol, y que se crían de presto. Esta es falsa opinión, porque no son los naranjos como las lechugas, berzas y las demás hortalizas, que de presto se crían, y también de presto mueren. El árbol háse de criar de propósito y con fundamento, enxuto y no aguarzado: y la experiencia nos lo muestra, que cuando quieren que un árbol madure presto, le echan estiércol y cosas calientes, y luego perece el árbol: y conforme a esto se cría muy presto el naranjo, y crece mucho, dándole calor; pero después viene a perecer presto, por lo haber dejado crecer tanto, y no le queda fuerza en la raíz para sustentarse adelante. Y así se hallará que los naranjos que se traen de Valencia, y de otras partes y tierras calientes, casi no traen ramas, y traen un césped de raíz muy grande, porque los desmochan y procuran que estén bien extendidas las raíces, y no las ramas; y esta es verdadera opinión: y la evidencia muestra ser más útil y provechosa, y los buenos agricultores confirman con esto.

PARA TRASPONER LOS NARANJOS

Los que se han sembrado, se han de trasponer al fin del año de como se hubieren sembrado, y no antes, porque la raíz esté con más fuerza: y si fuere en tierra cálida, se pongan en la tierra; pero si la tierra fuere fría, se traspongan en tiestos, para que los puedan guardar del frío, y meterlos debaxo de cubierta en el invierno, hasta que estén grandes. Para plantarlos en la tierra, háse de cortar la raíz principal, porque acope, y haga raíz ancha, y no pase aquella guía abaxo, aunque en tierra fría por mejor tengo que no se corte, porque la guía va hacia abaxo, y soy de parecer que creciese tanto en raíz como en ramas, que esto aprovecha para que en invierno tenga calor, y en verano humedad; y desta manera no le dañará tanto el hielo. Y cuando ya fueren de seis años los que están traspuestos en tiestos, y los quisieren plantar en la tierra, se ha de hacer un hoyo muy ancho, para que las raíces se extiendan sin hacer fuerza para romper la tierra; y cuando los sacaren de los tiestos, las raíces que están retorcidas y revueltas, por haber estado en el tiesto, se las corten, para que se extiendan mejor en la tierra, porque, si no se les cortan, se quedarán siempre en forma de un ovillo. También son de opinión algunos que las hoyas

estén hechas muchos días antes; y esto también es
falso: porque, aunque dan por razón que el hoyo
ha de tener tempero y humedad, pero esto se entiende para árboles que se han de plantar en granjas, en partes adonde no hay agua, y para que un
mes y dos antes la reciban, las tienen hechas. A mí
me parece que al naranjo, y aun a los demás árboles de jardines, se les hagan las hoyas cuando se
ponen; porque si la hoya está muchos días abierta, el sol y el aire lamen y llevan la virtud de la
tierra, y así, verán que, cuando abrieren la hoya,
hallarán la tierra con sustancia y color y grasienta; y si está hecha de muchos días, está áspera,
por la razón dicha. Y, conforme a esto, es mejor
que luego, como se hiciere la hoya, se ponga el naranjo. Y la tierra que les echaren sea muy podrida, como arriba se advierte. Y si toparen piélago,
es cosa muy buena para ellos, y los labradores nos
lo muestran, porque los que pueden hallar piélago
para sus tierras lo quieren más que estiércol, atento que el estiércol dura un año, y el piélago, tres y
cuatro; y así, adonde hay labajos o lagunas, en se-
cándose en el verano, lo cogen, y así se ha de hacer,
porque es cosa muy provechosa para el dicho efecto. Y la causa es, que, cuando llueve, el agua coge
y barre la sustancia de la tierra y el estiércol de
los caminos y de las aves que vienen a beber; y
por ser tan sustancial, es muy provechoso a los naranjos. Y de más de esto, se ha de huir de echar-
les estiércol, porque es muy contrario, como también arriba se advierte, pues se convierte en lom-

brices, y las raíces se las consume. Y si acaece faltarles en el verano el agua, se las abrasa el estiércol; y ningún inconveniente de éstos causa el piélago. Y si acaso los naranjos se plantaren en tierra nueva, no han menester ningún género de tierra estercolada. No se planten en caceras, ni en cuadros, sino a las esquinas, a adonde les puedan quitar el agua, cuando fuere menester; porque si están en cuadros o en caceras, cuando pasa el agua, les da demasiada, y en cuadros, las plantas la han menester cada día, y los naranjos, no. No prenden de estaca; limas, limones, cidras y toronjas, sí. Y si se cortan de buenos injertos las varas, no será menester ingerirlos, ni sembrarlos, que éstos vienen más de presto.

COMO SE INXIEREN LOS NARANJOS

Cuanto al inxerir, se advierten muchas maneras de inxertos, como son de canutillo, de mesilla, de pie de cabra y otros muchos; pero de escudete hallo yo ser mejor para los naranjos. Su tiempo es cuando suda la corteza, que en tierra cálida es por mayo, y en tierra fría por junio o julio. Dicen que la púa se ha de cortar en creciente de luna, y menguante de día, y se inxiera en creciente de día, y creciente de luna; y cuanto para cortar la púa en menguante de día, dicen ser la causa, que sale la púa más desventada y enxuta: y no me parece mal, aunque hallo ser mejor cortarla por la mañana,

porque tienen más virtud y fuerza, y a la tarde
todos los árboles y plantas van recogiendo su virtud abaxo; y al fin, me resuelvo que se inxiera desde las diez del día hasta las tres de la tarde, porque en este tiempo suda más el árbol y despide mejor la corteza; y inxiriendo y sacando cada púa,
como haga el corte, la pongan muy liberalmente,
y anden las púas en el agua, digo los troncos de las
varillas, de manera que no llegue el agua a las
púas, que se han de inxerir; y esto se hace porque
las púas no se sequen o encojan: y si el árbol en
que se han de inxerir estuviese en la heredad donde
está el árbol de donde se ha de cortar la púa, sea
cortando e inxiriendo, porque si están cortadas,
pierden mucho. Y así, es falsa aquella opinión de
que se corten sobre tarde, porque cuando vienen
ese otro día a inxerirse, casi no asirán en el árbol;
y así, algunas no suelen ser muy firmes, por haber
perdido la más parte de la virtud; y así, hallo que
es mejor cortando y inxiriendo, que de esta manera tendrá más fuerza la púa para pegarse en el árbol: y cuando se quieran poner, si parecieren estar
un poco secas, por haberlas manoseado, métanlas
en la boca, para que participen de la humedad de
la saliva, para que peguen mejor.

LO QUE HA DE TENER EL INXIRIDOR

La dificultad que yo hallo en el inxerir, está más
en el inxiridor que en otra cosa, porque él se confía
en que lo sabe hacer. También digo que se puede

decir gracia *gratis data,* que aunque lo sepa muy
bien, no tendrá buena mano; y esto se ve cada día
en muchas cosas, como es en salar carnes, en curar vino, en desollar y matar los ganados para comer, y todo esto va en ser la mano pesada y pon-
zoñosa. De la misma manera queda la púa, si está
inxertada por mano pesada, que se pierde luego.
Y de aquí se infiere que se ha de buscar inxiridor
que tenga buena mano y sea muy diestro, que bien
puede ser jardinero y muy bueno, y no tener buena mano para inxerir. Y algunos hay que, porque
un naranjo no lleva bien, le cortan, pensando que
la causa el no estar inxerto, desmochándolo para
inxerirle; y en efecto, lo echan a perder, porque
lo dejan como un tronco, y piérdese la púa, y podemos decir que el árbol también, pues para que
esté en el ser que le cortaron, pasarán más de cuatro años. Y así, soy de parecer que viva la gallina
y viva con su pepita, y déxenlo, que él vendrá a
llevar azahar y fruto, aunque no tal como el que
estuviere inxerto. Yo hallo que quien mejor entiende las circunstancias y requisitos del inxerir
son los hortelanos de riberas, porque éstos entien-
den sólo en inxerir árboles, criarlos y cultivarlos,
como es en Toro, la Vera, y otras semejantes partes; porque la mucha experiencia que tienen los
hace ser muy acertados e inteligentes. Y yo he visto que a estos, de doscientas púas no se les pierde
una. El día que quisieren inxerir, se advierta que
no haga viento ni llueva, sino un día sosegado, claro y sereno; y el inxeridor ha de ser más liberal y

suelto de manos que un barbero, porque el barbero rompe cuero y vena, y el inxeridor bueno ha de romper el cuero y no llegar a la vena; porque, si llega, irá falsa la púa, y saldrá el inxerto enfermo; llamo cuero a la corteza, y vena al meollo. Y por esta razón, es menester que en esto haya mucho cuidado, y primero tiente el árbol si despide bien la corteza, y si suda, que si no la despide bien, no valdrá nada. El naranjo que se planta en invierno no despedirá la corteza aquel verano, porque aún no está bien arraigado y no tiene fuerza hasta otro verano. Los tallos que echaren por baxo se los vayan quitando porque tome la púa fuerza, que si no se los quitan, como ellos están en su natural, llévanse mucha parte de la virtud que la raíz envía, y la púa, que es artificial, se queda sin la que ha menester, y así se pierde. Y cosa notoria es que se inxiere cuesco con cuesco, pepita con pepita, y flor con flor, y dos y tres frutas en uno.

COMO SE REGARÁN LOS NARANJOS

Adviértase mucho a lo que aquí se dice en este particular del regar, porque es el toque de todo el gobierno de los naranjos. En el regarlos hay tantos pareceres, que muchos, creyendo acertar, los destruyen y pierden; que cada día hacen traer los dueños de los jardines muchos naranjos, y se ve que los más se pierden, por no tener experiencia los jardineros para gobernarlos, dándoles el agua

conveniente; y aunque se disculpan ordinariamente
con que la tierra no sea buena y las frialdades, y
otras cosas de esta suerte; pero, en realidad de verdad, ordinariamente y las más veces se pierden por
mal gobierno de los jardineros.

Al principio dixe que los que están plantados en
tierra caliente quieren mucha agua, y los que están
en tierra fría, quitársela; y algunos que no lo en-
tienden, contradicen esta opinión. Y aunque por
criarse los naranjos en su natural con agua, parezca cosa contraria decir que se les ha de quitar en
tierra fría, no lo es, sino muy acertado: porque
como mudan la calidad de la tierra, mudan también la propiedad de su naturaleza. Y esto mismo
vemos que acontece en los negros, que habiéndose
criado en sus tierras donde nacieron, andando en
cueros, y con sustento de agua, azúcar, canela y
otros frutos de aquellas provincias, en viniendo a
España, se visten, calzan y sustentan con pan, vino,
carne y los otros mantenimientos nuestros, con
los cuales viven tan sanos en esta tierra, como con
los otros en donde nacieron; y si en España se les
diesen solamente los mantenimientos con que en
su natural se criaron y anduviesen desnudos, no se
podrían sustentar vivos ocho días, ni cuatro. Y
esta misma consideración y exemplo nos enseña lo
que debemos hacer cerca del regar los naranjos en
tierra fría. En tierra cálida quiérense criar con
agua, y si no los regasen, perecerían, porque el naranjo es delicado, y la tierra fértil, y si haciendo
muchos calores les faltase el agua, perecería el na-

ranjo. Y por el contrario, vemos, y es así, que el que está plantado en tierra fría no ha menester mucha agua, porque él es delicado, y la tierra no fértil, y con muy grandes heladas y nieves, aires, fríos y muchas agua, perecerían, si se regasen. También hay diferencia entre los naranjos chicos y los grandes, y los que están plantados en tiestos. Porque decir que a los chicos y a los que están plantados en tiestos se les quite el agua, sería gran error; porque a éstos por fuerza se les ha de dar. Lo uno, porque están chiquitos y no criados, y en verano, como tienen poca fuerza se secarían; y también los que están en tiestos, porque tienen poca tierra, y la calor pasaría los tiestos: y así, a estos es necesario darles el agua a menudo, y esto en verano, y quitársela cuando pareciere que tiran a amarillo, porque aquella es señal de estar aguarzados, que como son chicos, ahóganse de presto; antes estén con deseo de agua, que ésta no es falta, por estar el remedio en la mano. Los naranjos grandes que están plantados en tierra fría quieren diferente gobierno, porque éstos en el invierno casi no quieren gota de agua, y si se la dan, se suelen helar, y pierden la fuerza: y si la tierra tiene fortaleza, dándoles agua, toda la lozanía que en tal caso tiene el naranjo, la convierte en echar mucha hoja y muy fresca, y no echa azahar. Y si acontece helar aquel tal invierno siguiente, como las hojas con aquel vicio están tiernas, se hielan todas. Y por las dichas causas es necesario tener mucho cuida-

do con que se les dé el agua muy templada, para
que no vengan a recibir daño.

La color que ha de tener el naranjo ha de ser un
verde oscuro, y que esté la hoja tiesa y curada del
sol, que suene como pergamino, y éste tal tendrá
fuerza en hojas y en raíz para pasar y sufrir los
fríos. Si alguno estuviere amarillo, quítesele el agua
para que se vaya enxugando, y las lombrices se le
desvíen. Si están en tiestos se irán muriendo las
lombrices y los naranjos irán volviendo en su ser; y
juntamente se les ha de echar un poco de gallinaza deshecha en agua a manera de berbajo, y
riéguenlos con ello, para que les dé virtud y sustancia, y luego volverán de todo punto en su ser.
Los naranjos que están plantados en tierra fría
se han de regar en abril, mayo, junio, julio y
agosto; porque los demás meses ellos se traen
agua, y ya que les falte a unos, otros la tienen
demasiada, y basta el frío de la noche para sustentarlos, ya que no tengan agua, y ellos quieren calor, por haber tenido tanta humedad todo el
invierno. Muchos son de parecer que se han de regar cuando hiela mucho, y no dan otra razón para
ello, sino es decir que todos lo dicen. Lo verdadero
y seguro es que no se han de regar; porque el agua
puesta en un vaso se hiela, y derramándola por las
calles y en el río; y siendo esto así, ¿cómo puede
ser provechosa en estos tiempos a los naranjos? A
esto replican, que si la tierra se riega, y hiela aquella noche, que no se hiela la tierra de suerte que lo
regado no se endurezca, y es así; pero mejor es que

no se eche el agua, y que se endurezca por encima, que no que se quede la tierra blanda con el agua del riego. Y la razón es, porque como echan el agua, luego se sume abaxo, y en llegando al calor de abaxo, lo remueve de manera que sale un vaho, y aquél es el que hace que no se hiele la tierra: y harto mejor es que aquel calor que sale se esté en la raíz para conservarla: porque, por las mismas venas que ha salido aquel calor, entra el hielo y traspasa las raíces; y esto mismo acontece en invierno a un hombre, que si tiene los pies mojados, se le traspasan luego de frío, y teniendo fríos los pies, se le sube por allí el frío a todo el cuerpo. Y además de esto, como el agua ha removido el calor que tenían las raíces del naranjo, y las lombrices acuden ordinariamente adonde se mueve el calor, acuden allí y destruyen las raíces, porque luego se arraigan de ellas, como las sanguijuelas de los pies de las cabalgaduras cuando entran en una laguna, que como sienten que se ha removido el agua, van a buscar de comer, y si no las quitasen, chuparían toda la sangre de la cabalgadura hasta que la viniesen a acabar; y el árbol perece, como no se las pueden quitar ni matarlas; y sólo hay el remedio de quitarles el agua, porque en tal caso quedan sin sustento, como el pez que está en un río, que, en quitándole el agua, perece. Y así hacen las lombrices, que el agua es su sustento, y la vascosidad que ella trae consigo. También se crían con la mucha agua unos gusanillos, que se llaman ciempiés, los cuales van comiendo todo el tuétano desde la raíz principal hasta arriba, y de esta manera perece el naranjo. Y así, digo con resolución, que es falso regarlos en invierno, antes no les ha de llegar a la raíz gota de agua, y esta es regla de Agricultura, que se han de acogollar en invierno, porque no les llegue gota de agua a la raíz. Y si todavía se dixere que aquel vaho, que dixe sale de abaxo es natural, y que nunca se acaba, engáñanse; porque adonde el agua cae, todo lo mata; y razones hay muchas para probar esta verdad; y una de ellas es, que cuando en verano quieren estar en un jardín o en un patio, una hora y dos antes es necesario que se riegue, porque levante aquel calor y fuego que está allí, y en echando el agua, se levanta un vaho caluroso, y muy presto queda fresca la tierra, que aunque el calor es natural, el agua lo mata. Lo mismo acontece, como se dice arriba, cuando en invierno, si riegan el naranjo, que el agua levanta aquel calor que está en el centro de la tierra, y quedan las raíces traspasadas, muertas y sin calor. Y son estos naranjos tan delicados en el invierno, como el que tiene mal contagioso, que desde San Miguel adelante no le convine ponerse en cura, ora sea darle sudores, o purgarle; porque en tiempo de frío todo le hace daño, porque se le remueven los humores, y le duelen más las coyunturas con los fríos, y su cura se ha de diferir hasta la primavera; y la misma consideración se ha de tener en el regar el naranjo, porque en el invierno le removerían el calor, si le regasen, y como está más tierno, con el agua se helaría. Dénle calor cubriéndolo, y échenle dos o tres cernadas de gallinaza para que le dé sustancia, y no agua fría y pura, que el enfermo la bebe cocida, porque la frialdad le deslava y traspasa, y le mueve todo y corre peligro.

GUARDAR DEL FRIO LOS NARANJOS

Hánse de guardar del frío desde mediado noviembre hasta primero de abril y no se han de confiar en que en marzo haga buen tiempo, pareciéndoles que no ha de helar, porque suele revolver por despedida del invierno, de tal manera, que lo que no se ha helado en todo el invierno, se hiela entonces; y así, para ir más seguros, se han de sacar o descubrir a primero de abril; y esto se entienda con los que están plantados en tiestos, que estos tales se han de guardar más, por ser delicados y estar chicos, que por ser tiernos los pasa el frío. Hánse de guardar dentro de casa en un corredor, donde si ser pudiere, les dé el sol, y de noche se tapen; porque si están en jardín, aunque estén tapados, pasará el hielo el tiesto, porque no tiene calor natural al derredor de sí, que acompañe las raíces. Los que estuvieren plantados en los jardines se cubran con encerados o tablas; porque los que se cubren con esteras o ensetados, si llueve y a la noche hiela, está corriendo el agua encima de las hojas de día, y la que se detiene en ellas, las traspasa de manera que se vienen a caer. Y aunque algunos tienen que es mejor que les dé el agua en el invierno; pero mejor es que estén cubiertos, porque estén con más deseo de agua y más fortalecidos, que en abril recibirán aquella agua, que es muy provechosa, si los halla con un poco de secura, la cual es causa que espiguen, que es llevar azahar, y lo mismo hace la secura en el trigo, que le hace espigar más presto. Y si los naranjos han tenido agua en el invierno, salen empedernidos, y harto tienen que volver en sí; y si es cierto que si están guardados, echan mexor. Háse también de echar al pie del naranjo estiércol pajizo derramado, para que defienda las raíces del frío; y ha de estar apartado de la corteza, porque, si está arrimado al árbol, suele escaldar la corteza. Otros echan orujo arrimado al árbol y a las raíces, y esto es muy malo, porque como está hirviendo, daña la corteza, raíces y hojas. Esta cobertura de unos y de otros se entiende en tierras frías.

PODAR, LIMPIAR Y CAVAR LOS NARANJOS

Hanse de podar, excavar y limpiar por la primavera, cavándolos al derredor, cortando las raíces que están en la haz de la tierra. No los poden en el invierno, porque los lastiman y les quintan la capa y abrigo que tienen para pasar el invierno. En la cortadura se ponga un poco de barro o cera, porque el sol y el frío no los dañe, o las hormigas no hagan huecos por ellas. Los que están en tiestos, si no tuvieren mucha necesidad, no los poden, porque les quitan lo viejo adonde han de llevar azahar. Y digo esto, porque hay muchos que los desmochan y no llevan aquellos cuatro años; y aun a mí me parece se debe tener esta consideración con todos los demás. Estercólense por octubre, para que la tierra nueva les dé calor y fuerza para pasar el invierno. En el verano suelen criar telarañas y polvo en las hojas; hánse de limpiar regándolos como quien riega con la mano un aposento; y sea por la tarde porque el sol no dañe las hojas, y si quedare algo, puédese ir limpiando con un pañizuelo. Es bueno descargarles las naranjas viejas, porque no tengan tanto que sustentar; quítenselas antes que quieran echar azahar, y las hojas malas también. Cuando cayere nieve o escarcha sobre ellos, sacúdanlos, porque si los coge el sol, con la gran frialdad y el calor del sol se queman las hojas.

CÓMO SE HAN DE GOBERNAR LAS PARRAS

Por ser la parra tan fresca y tan provechosa para granjas, como arriba se dice, y tan dañosa para jardines, no se ha de plantar en ellos. Lo principal es, porque su sombra a las plantas y su raíz las quita la fuerza con que han de echar, porque se extienden aquellas raíces por todos los cuadros, y van buscando el agua. Plántese arrimada a las paredes de huertos o granjas, que para tales partes es propia; porque en jardines curiosos jamás se verán plantadas parras ni árboles de fruta, sino plantas de olor, flor y vista: la parra no vale cosa de se-

milla, y. plantada de sarmiento es buena postura.
Unos la plantan de estaca, otros acodándola, y en
cada tierra hay diferente costumbre. Algunos dicen
que de estaca no es buena postura, y fúndanse en
que no tiene cama para poder hacer cabeza y extenderse, por no tener anchura; y esto no importa, porque, como una vez hayan prendido, ellas se
reparten y abren, aunque sea una peña, y hace un
nabo abajo, que aquél fortalece todas las demás
raíces; si tiene piedras debajo, le es muy provechoso, porque en verano la mantienen fresca, y en
invierno le dan calor. Y así verán que en Medina
del Campo y otras tierras semejantes la viña que
está plantada en pedregal vale al doble que las que
están plantadas en tierra blanda.

Cerca del podar hay muchas maneras, que en cada
tierra hay su uso. Unos podan antes de Navidad,
que es por noviembre y diciembre, y esto llaman
desvastigar, y otros podan del todo. En las más
partes podan por febrero y marzo y parte de abril, y
no dan otra razón sino decir que en cada tierra hay
su uso, y que se deben guiar por lo que antes se ha
usado. A mí me parece que en todos estos tiempos
es bueno; mas, háse de advertir que a unas les hace
provecho, y a otras daño.

La parra pocas veces se hiela por invierno; y
cuando viene a helarse, es cuando llora, o está
en cierna o con pámpanos nuevos, que es por
marzo o abril, y entonces que brota, la lasti-
ma el hielo. Es bueno podarle y quitarle lo que
fuere viejo antes de Navidad, que es por diciem-

bre, o a principio de febrero, en los menguantes de la luna; y la causa porque se poda la viña vieja en estos tiempos es, porque no llora, que si se poda por marzo, salta el agua en haciendo el corte, y toda es virtud y fuerza aquella agua; pero si se poda en los dos meses que he dicho, está recogida toda la virtud debajo de tierra, y en haciendo el corte, hace un césped en la cortadura; y cuando al marzo llora, no tiene por dónde. Toda esta agua se incorpora en fruto. Hánle de dejar una yema más, para que el césped repare en ella y guarde las demás yemas. Las que se han de podar por marzo y abril, ocho días antes o después (que esto queda a la prudencia del podador), son las viñas nuevas y de hoyadas, y las que se riegan, porque éstas es necesario que lloren, que es desflemar el mucho verde y agua que tienen. Y si se dixere que estando llorando, con el agua que llora, y que ella entonces está abierta como una caña, si a la noche hiela, le traspasa una y dos yemas, respóndese que esto se entiende cuanto a las viñas viejas, las cuales, como tienen poca fuerza, se traspasan; y así, es bueno podarlas en el tiempo que se dice arriba; pero las nuevas, como tienen más furza, y las que están en hoja más vicio, salen tan pujantes que resisten el hielo. Y cuando alguna yema se helare, déxenle una más, porque importa mucho que llore para que la uva madure y desfleme todo aquel verde, porque no salga el vino vinagre. Plinio dice que si se poda la parra antes de invierno, que carga en madera, y aunque él no da la razón por qué carga más de madera que de uva, digo que yo lo he probado, y hallo a la contra de esto; porque antes lleva más uva habiéndola podado antes de Navidad; y la causa es, porque como ella está más recogida en la raíz, por haberle quitado la capa más presto que a las demás, tarda más en echar; y cuando sale, como es más tardía, participa más del verano, y éste la hace que arroje más racimos; porque si sale despacio, da en varas y cogollos, y no en fruto. Y aun hay otro inconveniente si se poda tarde, que pierde la mitad de la fuerza. Y, pues, según la común opinión, desde la noche de Navidad todos los árboles quedan preñados, a lo menos desde mediado enero van las varas participando de la raíz algún tanto, claro está que si las podan tarde, que estarán con yemas, y arrojada mucha fuerza en las varas que se hubieren de cortar; de tal manera, que no le viene a quedar fuerza después para llevar. Y por estas razones y otras muchas es falso lo que dice Plinio. Teofrasto dice se poden en creciente de luna, y menguante de día; y no da razón para ello. Yo soy de parecer que se pode en menguante de luna, y de día, porque entonces está la virtud más recogida en la raíz; y si es en creciente, están las varas más hinchadas con la pujanza del creciente; y si entonces cortan las varas, quítanle mucha parte de la virtud y fuerza que tienen. El podador no sea izquierdo, porque poda al través, y arma la vid a la contra; si se pudiere, sea siempre un podador, porque traiga la parra a una mano, que es de más provecho. El corte algunos le hacen redondo, y otros

largo; y por mejor tengo el largo; porque si está
redondo, el agua que llueve y el rocío asienta en
él, y le hace mucho daño. Otros dicen que el corte
largo, cuando llora, escalda las demás yemas; en
efecto, lo mismo hace el redondo, y al fin, todo está
en el uso, porque en cada parte podan de su manera, y así podrán escoger lo que más quisieren.
Plinio dice que el corte se haga en tierras frías hacia el mediodía, y en las calientes hacia el cierzo.
Y de aquí se infiere que, según mi parecer, el corte
se ha de hacr largo, y lo mismo es en todos los árboles, que siempre se les hace la podadura larga, y
no en redondo. Columela dice que no es bueno poner todo el veduño junto, porque uno madura tarde, y otro temprano; y por esta causa sale el vino
muchas veces malo, y esta es buena razón; pero
hase de advertir que si la uva turules, u otras
uvas fuertes, no se mezclan con las de menos fuerza, no se hará el vino en seis años, y algunas veces
en diez: que, como es tan fuerte, está hirviendo
hasta este tiempo, y para que se haga más presto
es menester mezclar los veduños; y así, el remedio será aguardar ocho días más a que madure bien.
Y si pareciere que la uva turules es muy chica, y
que la pasa muy presto el sol, y que si la guardan
para mezclarla con las demás, el sol la tendrá pasada muy de presto, esto se puede remediar con
vendimiarla temprano, y después la puede mezclar
en la cuba.

El cavar ha de ser por febrero o marzo, y desde allí adelante, según la calidad de la tierra,

y el cubrir es bueno por abril y mayo. Algunas veces acontece helarse por abril o marzo, cuando ellas están con pámpanos o yemas; y la causa suele ser que llueve el día que están cavando; pues todo aquello que cavaren se helará, por remover entonces la tierra y quitarles la capa en tiempo de hielo, porque, en llegándole a la raíz cosa húmeda, estando tan delicada, por estar en cierna, viene a perderse. En algunas partes las aran, y es muy bueno, porque el arado entra más, y vale mucho su labor. No consientan grama, que es muy dañosa. Plinio dice que los contrarios de la parra son: laurel, cornicabra, avellano y berza. Para hacer que la parra lleve fruto el año que se pone y enrame luego, háse de buscar que sea de dos y cuatro años, y podarle todos los brazos, y dexarle la guía, y que se tome un barril de los de escabeche, y se le quite una tabla del suelo, de manera que por allí puedan ir metiendo la punta de la parra y sacándola por la boca del barril se tire hasta que llegue junto al tronco de la parra, doblándola con tal maña, que no se lastime, y así asentado el barril, le hinchan de tierra muy buena, yéndola apretando, y quedando la parra en medio y no se desgaje ni corte esta guía de la madre, porque, como está asida, toda la virtud arroja en la guía, echa raíces muy presto en el barril, y no se ha de cortar hasta que se tiente y vea que tiene raíces, que será hasta seis u ocho meses; y para que parezca mejor, se corte cuando los racimos que tuviere estuvieren entreverados, que entonces ya ha acabado de arrojar toda la virtud: y aunque sea por julio o por agosto, se podrá cortar de la madre por bajo del suelo, y llevar el barril con la parra adonde hubiere de ponerse; y no se quite el suelo del barril por bajo, porque la tierra de él no se desmorone. Y hecho su hoyo, se meta el barril dentro, quitándose todo el suelo de abajo que le dexaron cuando se puso, y no le quiten por entonces los arcos ni las tablas, sino que al derredor se hincha la tierra, y se riegue muy bien por dentro y fuera, para que las raíces reciban humedad de la una parte y de la otra. En principio de noviembre se descubra el barril, y se le corten los arcos, y se saquen las tablas para que las raíces tengan lugar de extenderse: y esto se hace, porque, si los quitasen cuando los ponen en el verano, podrían faltar. Esto sirve de ver una parra puesta por los caniculares, y verla de repente plantada con sus uvas, como si fuera puesta de cuatro años, y este tiempo lleva de delantera, y más ir segura de no perderse. Y para que esta tal parra y todas las demás se puedan subir en alto, hánse de podar de manera que no les quede más de una guía, y con un cuchillo se les han de podar todas las yemas, para que no echen por ninguna de ellas, y cortales un poco de la punta, dexándoles tres o cuatro yemas solamente, y de ellas las dos que salieren mejores se han de dejar y cortar las demás; y como estas dos yemas hayan crecido hasta dos palmos cada una, se ha de cortar la una de ellas y dejar la otra, para que toda la fuerza se recoja en ella y eche con más pujanza; y este guar-

dar de yemas y cortar que después se hace, es, porque si quedase una yema sola, como es cosa tan delicada y tierna, el aire las suele desgarrar.

Hánse de ir arrimando por donde las quisieren
guiar con unas presillas, sin arrimarles clavos, porque las suelen dañar y lastimar. Aten un cordel
recio, guiándolo por donde quieren guiar la parra,
arrímenla a él, para que la guía se vaya arrimando y
atando a él, como fuere creciendo, y váyansele quitando los pampanillos que fuere echando a los lados,
para que la guía suba con más fuerza. Y si las hojas
más baxas ensancharen mucho y tuvieren mucho vicio, se las han de ir quitando. y desta manera cre-
cerá mucho; y en llegando adonde quieren que llegue, no le quiten más pámpanos, porque pueda extenderse. Y cuando en el invierno la podaren, cór-
tenle todas las yemas que tuviere hasta donde quieren que esté subida, porque no eche, y si alguno
echare, quítensela, porque no quite la fuerza a las
de arriba; y si está en corredor, como salieren las
vástigas, las vayan atando, de suerte que no las
quiebren, porque con ellas hará después muy vis-
toso tapiz o arcos. Para que en un racimo haya
uvas negras y blancas, se ha de hacer de esta forma: que estando una vid blanca junto a una vid
negra, se tome de cada una una vástiga, sin cor-
tarlas de la madre, y machacar un poco los sarmientos, y luego torcer el uno con el otro, y atarlos con
una trenzadera al derredor, y enterrarlos debaxo
de tierra, y dejar la punta de fuera; y éstos, como
están asidos en la madre, prenden muy de presto.

y incorpóranse ambos de manera que se hace una misma vara; y cuando ya entre el invierno, se puede desenterrar un palmo como hacia la punta de lo que está incorporado, y corten las guías que han estado de fuera, para que eche por lo que está incorporado. Y esto se podrá hacer más fácilmente, poniéndola, como arriba se dice, en un barril, para que se puedan aprovechar mejor de ella, y llevarla adonde quisieren. Algunos son de parecer que se hienda cada sarmiento, y que la mitad del uno se pegue con la mitad del otro; pero por mejor tengo hacerse de la forma referida. Otros inxieren la parra de suerte que salgan dos o tres veduños en una parra, mas no en un pezón, porque para ello es menester hacerse como se dice atrás. Adviértese arriba (donde se trata de plantar la parra) que si está adonde hubiere pedregales, que es muy buena postura. Y por esta razón algunos alarifes son de parecer que no se planten parras adonde hubiere cimientos de piedra, a causa que la parra con sus raíces henderá la pared y se agarra de las piedras, y entonces, dicen, hace mal al cimiento, y que también regando la parra, se echa a perder el cimiento con la mucha agua, y que si se hubiere de plantar, esté apartada de la pared tres pies. Y todo esto que alegan es disparate, porque, como no son agricultores, no saben lo que requiere la planta ni el mal que hace, y de su opinión serán todos los que no lo entendieren, porque a los tales parecerán verdaderas las razones que dan los albañires. Y no obstante todo ello, digo, que no hacen daño a las pare-

des; porque en cuanto a decir que las raíces hen-
derán y se agarrarán de las piedras, se ha de advertir que a la piedra que estuviere revocada con
cal no llegarán las raíces, porque la cal abrasa toda
raíz o planta que está junto a ella: y si alguna parra medra junto al cimiento, es porque sus raíces
van buscando la tierra más limpia y adonde hay
humedad, y apartándose de donde hay cal. Y cuanto al daño que dicen hace el agua con que se riega
la parra, ya se sabe que las viñas no se riegan, y
que si se riegan que no maduran bien, como son
las que están plantadas en hoyadas, porque como
se recogen allí las aguas, sale muy verdosa, y tiene
mucho agrazón. Y las que están plantadas en alto
donde no reciben tanta agua, la uva y vino de ellas
es mejor; y esto se ve claro en los parrales que
hay en los huertos o granjas, que por regarlas, jamás maduran bien: y así digo que es bien no regarlas. Y con esto queda satisfecho a este inconveniente que alegan los albañires. Y aun antes hallo
yo que es provecho de los cimientos que junto a
ellos se planten; porque como sus raíces atraen a sí
toda la humedad, quedan los cimientos más enjun-
tos. Y aun demás de lo dicho, se debe advertir que
ningún árbol ni planta guiará sus raíces donde no
pueda participar de los dos elementos del sol y
agua, que cae del cielo. Y finalmente, aunque pre-
supongamos que cada día se hubiesen de regar, no
recibirían daño los cimientos; porque la cal y arena, cuanto más agua reciben, más aprietan entre sí;
y esto se ve claramente en las paredes que están

junto a los ríos, y en los cimientos de los puentes, que cada día están más fuertes, por tener el agua continuamente. Y por todas estas razones y otras muchas se verifica evidentemente que no hace daño a los cimientos plantar junto a ellos las parras. La uva se guarde en partes abrigadas, que el cierzo no la sacuda, que de esta manera se guardará y conservará mucho tiempo; porque como ella está llena y el cierzo la sacude, la daña luego. Córtese desde las diez del día hasta las cuatro de la tarde. Algunos las guardan en partes que les dé el sol y el fresco de la noche. y no lo aciertan, porque quieren estar en parte abrigada, como arriba se dice.

CÓMO SE HA DE CRIAR Y CONSERVAR EL RUISEÑOR

Por ser el ruiseñor tan de jardines y frescuras, y su canto tan suave, me ha parecido advertir lo que para saberle criar y conservar sea necesario. Críase de nido y de vuelo. Los de nido son muy delicados, porque se crían a la mano, y el cebo con que sus padres los crían no les es a propósito cuando están enjaulados, y como los toman chiquitos en el nido, no están sudados, y ésta es muy gran falta, y no puede ser menos, y si los traen grandes, no quieren abrir los picos y perecen. A estos tales se les ha de dar de comer de media en media hora o tres cuartos de hora; y esto de manera que queden contentos. El cebo sea corazón sin pasta, porque vayan purgando, y háseles de dar en esta forma: que una haba debajo del pico, el pecho un poco moreno, las zancas gruesas, y sosegado. Algunos dicen que teniendo deciocho plumas en cada ala es macho. No sea muy grande de cuerpo, que son como las aves de rapiña, que el macho es menor. Y así lo dice un gran maestro que hay dellos, que tiene experiencia dellos mucha, por haber que los cría de más de cuarenta años a esta parte; y así lo muestran ellos, que comen cosas vivas en el campo, como mosquitos, arañas, gusanos, lombrices, aludeas y otras semejantes. Estos de nido, si aciertan a salir bien criados, son más amorosos, y más mansos y músicos, y viene a picar al dedo enseñándolos.

Hay dos maneras de ellos: unos, tostados, y otros que tiran a negros; y por mejores tengo los tostados, porque suele haber de éstos unos chiquitos que su voz la suben al cielo. Estos nuevos han menester maestros para sacarlos con buenos cantos, aunque yo he visto en casa de aquel maestro, que arriba digo, pájaro de nido, que con tener él más de una docena de los viejos, salía aquél con tan diferentes cantos, que los viejos no eran nada para con él, y en tanta manera de ventaja, que parecía no ser él de aquella nación. Y esto se atribuye a ser de padres muy subidos de voz, y ser de buena generación, y para hallar uno tal como éste, es menester criar muchos. Las hembras no valen nada, porque aunque en el campo hacen música baja, en la jaula no. Verdad es que, cuando son chicas, gorjean en la jaula, pero luego se quedan. El macho va haciendo música y subiendo el canto. Mírese mucho esto, porque la hembra también silba y arrolla, y se hacen tan hermosas, que parecen machos y engañan a la vista; suéltenlas. Los bravos, que son de vuelo, es bueno cazarlos por Santiago hasta fin de agosto, porque si los cazan en septiembre y viene luego el frío perecen; y si los cazan en el tiempo que digo, amánsanse más presto y engordan con la calor, y cuando viene el invierno, tienen fuerza para pasar el frío. Y si los cogen antes de mudar, se hacen tan mansos como los de nido. Estos son los nuevos que acaban de dejar los padres. Conócense muy dificultosamente si son hembras o machos; las hembras tienen en los ojos más blanco que el macho, al derredor, como antojos. Y si estos nuevos están mudados, conócense en las patillas negras, y los viejos las tienen blancas, y los picos muy duros, que es menester un cuchillo para abrírselos, de fuertes que los tienen, y los nuevos, blandos. Si los cogen por Santiago, tienen debajo de las alas cañones que los están mudando. Los nuevos no sienten la muda, porque no mudan alas ni cola, sino la pluma del cuerpo.

Estos tales se cazan con brete, y con oncejeras y costillas y mochuelo; con brete, reclamando con la boca, con pájaro puesto en la punta colgado; con oncejeras y costillas, con aludas y gusanos de la caballeriza; con éstos caen muy presto; y es de manera que los buenos cazadores y aficionados a pájaros suelen irse por las riberas, y en oyendo al buen pájaro de más buen canto, arman dos o tres costillas con su redecilla, para que el pájaro quede dentro y no le mate, y en viendo el gusano, se arroja a él, como hace el azor a la caza.

Estos tales se han de poner en jaulas, y los demás nuevos de vuelo, cubiertos con un paño donde no oigan ruido, y darles de comer cuatro o seis veces al día, sacándolos de la jaula, y metiéndoles la comida en la boca con un palito, porque no se deshagan del todo, y ponerles una salserica en medio de la jaula, y echar en ella dos o tres gusanos partidos, o moscas, o aludas, o lombrices, para que, viéndolos bullir, acudan a comer, y echar con ellos unos bocados de corazón con su pasta revuelta, para que vayan gustando de ella; y téngase cuenta de ver si comen, porque en tal caso no les han de dar más de comer por la mano. Los nuevos de vuelo suelen comer a los tres días, o a los cinco; los viejos, a los ocho; y en comenzando a comer, no los pongan adonde hay gente, porque se aporrean mucho, y como han quedado flacos, suelen morirse; y con este cuidado se ha de andar con ellos hasta ocho o doce días, que entonces ya habrán tomado algunas carnes. Los nuevos de vuelo tienen muy mayor voz que los de nido y más suaves cantos, y son más sanos y más recios, porque están criados a su natural. Lo que viven, no lo sé, mas de que yo he tenido pájaro de doce años, y al cabo de ellos entró en muda, y no le nacieron alas ni cola, sino unos cañones como pajarito del nido. Y conforme a esto es verdad aquello que dicen, que cuando uno es muy viejo se vuelve a la edad de los niños. Este y otros que de esta manera he visto quedaban como he dicho.

Las jaulas han de ser grandes, para que se puedan extender y alegrarse, y se les pueda poner heno en el invierno, y se limpien a menudo jaula, comederos, bebederos y palillos; y en invierno se tengan en parte abrigada donde hubiere lumbre y luz, para que coman de noche; porque como son grandes las noches, y los días pequeños, no se pueden sustentar, y si hay ruido, suelen cantar de noche en el invierno. Cantan desde principio de noviembre o diciembre hasta fin de mayo, que entonces entran en muda; y en entrado, se tenga mucha cuenta que no les falte la comida ni agua, que como es tiempo caluroso, se suelen secar los bebederos.

En este tiempo se les ha de dar la comida dos veces: una por la mañana y otra por la tarde, porque la coman más presto y no se les seque. Si estuvieren enfermos, denles de los gusanos que arriba dixe de la caballeriza, que, aunque estén casi muertos, los harán tornar en sí. Estos gusanos se hallan entre las piedras y resquicios en las caballerizas; son chiquitos y redondos por todo el cuerpo, y casi sin pies, amarillos; no son los grandes que nacen en el estiércol, que éstos no valen nada. Algunos hay que sacuden el corazón y le echan fuera del comedero; y a éstos tales se ponga a lo oscuro la parte del comedero para que no vean el corazón. Su comida sea pasta y corazón de carnero, o de vaca, o carnero magro, y a los corazones se les quite todo lo gordo y todas las venas, porque no les haga mal; y se hagan sus tajadas, y córtense por medio, y luego las atraviesen de manera que queden los bocados cuadrados. Algunos lo pican de la manera que los pasteleros, y es muy malo, porque nunca se acaba de apartar, y algunas veces se ahogan con ello. Algunos también les dan apartadamente la pasta, y el corazón de por sí. Pero yo por mejor tengo el dárselo todo mezclado, porque suelen dar en comer pasta sola, y no corazón, y se vienen por esta causa a morir; y si el corazón y pasta está revuelto, es como quien come pan y carne todo junto; y así irá el pájaro seguro cuanto a la comida. Y si se replicase que, teniendo la pasta mezclada con el corazón, tendrán poco de comer, respóndese que el que les echare de comer podrá ver poco más o menos lo que habrá menester hasta que les torne a echar de comer, y cuando esto les falte una hora o dos, no será falta, y mucho menos en julio, agosto y septiembre, que engordan y se ahogan de gordos. Y de esta manera que digo, dándoles la pasta y la carne todo mezclado, duran muchos años.

Hay pasta de muchas maneras: una, que se hace a la lumbre, que lleva manteca de vaca, miel, y pan rallado, harina de garbanzos, almendras y huevos batidos, azafrán y vino, todo revuelto, meneándolo en un cazo encima de las brasas con un palo, viene a hacerse como hormigo, y los orujos que quedan se deshacen en un almirez. Esta tal es muy bellaca, porque mueren muchos pájaros con ella; lo uno, porque aquella manteca y miel los empalaga, y tornan a echar la comida, y están boqueando; y lo otro, porque, como se ha hecho a la lumbre, casi no tiene virtud, que el fuego se la lleva. La que yo hago, y el maestro que he dicho arriba, de que los dos tenemos mucha experiencia ser mejor, es de almendras, yemas de huevo, azafrán y un poquito de azúcar; y si quedare un poco blanda, se le echa un poquito de pan rallado. La cantidad es, a media libra de almendras tres huevos y dos maravedís de azafrán; y si quisieren majar las claras, no importará. Esta, algunos la hacen bollitos para rallarlos, y no es bueno, porque se mohecen, sino desmenuzarla encima de una tabla y ponerla al aire, de suerte que no le dé el sol, porque le llevaría la virtud. Esta se despolvorea con la carne, como queda dicho. Si se bañare el pájaro en invierno, que algunos hay muy amigos del agua, póngasele el bebedero angosto, o una teja en medio del bebedero, de manera que pueda beber y no bañarse. En el verano no importa que se bañen. Quieren muy poco sol, que como ellos andan en sombríos ordinariamente, así son amigos de la sombra. Cuando va y viene el paso de extremo de los de vuelo, se suelen aporrear, porque de noche sienten la partida y venida, y si los mudan de sus puestos, no cantan en dos o tres días. Si llegaren junto a las jaulas, sílbenlos o los llamen, para que no se alteren o se aporreen. Si alguno comiere bascosidad de la jaula, límpiela muy a menudo. Estos pocas veces crían piojos, y cuando los criaren, sacúdanles las cañuelas.

En este particular de los ruiseñores, y en la materia de las plantas, verduras y flores de jardines
y gobierno de los naranjos, aunque me pudiera extender más de industria, lo dexo de hacer, por no
cansar con lo que no parece ser tan necesario; con-
tentándome con dar principio a materia en que nadie ha escrito hasta hoy, y quedando con grandísimo deseo de que con mayor suficiencia los buenos ingenios suplan lo que la torpeza del mío ha
faltado.

EN MADRID, POR P. MADRIGAL.

AÑO MDXCII.

INDICE

	Págs.
PORTADA	V
PRÓLOGO.	VII
Facsimil de la portada de la edición príncipe.	3
TEXTO	5
Indice..	109
Junta de Gobierno de la Sociedad	110
Lista de socios protectores	111
Lista general de socios	112
Obras publicadas por la Sociedad de Biblió-filos españoles.....	123
Colofón	127

Fué impresa esta obra titulada *Agricultura de Jardines,* por Gregorio de los Ríos, XXVII° volumen de la segunda época de la Sociedad de Bibliófilos Españoles, a costa de la misma, en los talleres tipográficos de Ediciones Castilla, S. A. y se acabó el día 20 de Octubre de 1951.

Laus Deo

✠